U0449508

业务三板斧

定目标、抓过程、拿结果

王建和 周筠盛 龚 梓◎著

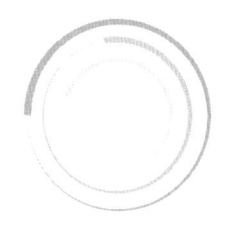

中信出版集团|北京

图书在版编目（CIP）数据

业务三板斧：定目标、抓过程、拿结果/王建和，周筠盛，龚梓著. -- 北京：中信出版社，2024.4
ISBN 978-7-5217-5959-4

Ⅰ.①业… Ⅱ.①王… ②周… ③龚… Ⅲ.①企业管理 Ⅳ.① F272

中国国家版本馆 CIP 数据核字（2023）第 252609 号

业务三板斧——定目标、抓过程、拿结果
著者： 　王建和　周筠盛　龚梓
出版发行：中信出版集团股份有限公司
　　　　　（北京市朝阳区东三环北路 27 号嘉铭中心　邮编　100020）
承印者： 　北京盛通印刷股份有限公司

开本：880mm×1230mm　1/32　　印张：8.5　　字数：180 千字
版次：2024 年 4 月第 1 版　　　　印次：2024 年 4 月第 1 次印刷
书号：ISBN 978-7-5217-5959-4
定价：69.00 元

版权所有·侵权必究
如有印刷、装订问题，本公司负责调换。
服务热线：400-600-8099
投稿邮箱：author@citicpub.com

目 录

前 言 没有结果的管理，注定无结果 //V

第一章　定目标：想清楚，写清楚，讲清楚，才能干明白

导读
看目标全景图 //004
好目标五要素 //007
目标避坑指南 //014
定目标三部曲 //015

制定目标：目标刻在钢板上，计划写在沙滩上
"天"：看年度目标 //020
"地"：动态调整目标 //026
"彼"：向外看，看客户和竞争对手 //030
"己"：向内看，做资源盘点 //034
目标制定工具 //042
目标制定练习 //043

分解目标：千斤重担万人挑，人人肩上有指标
目标拆分，策略支撑 //046

目标拆解，措施保障 //054

目标分解工具 //064

目标分解练习 //064

共信目标：因为相信，所以看见

向上沟通要共识 //068

平级沟通要共赢 //073

向下沟通要共启 //081

共信目标工具 //096

共信目标练习 //097

第二章　抓过程：苛求过程，释怀结果

导读

好过程 = 好结果 //102

抓过程三原则 //102

抓过程三抓手 //105

抓量：量变才能质变，让员工能干

看数据 //109

挖因由 //116

补差距 //122

做迭代 //126

抓量工具 //130

抓量练习 //132

抓技能：成人达己，让员工干好

识技能 //135

构地图 //139

做培训 //144

辅导双陪法 //150

抓技能工具 //154

抓技能练习 //155

抓状态：激活"心"，让员工想干

识状态 //157

提状态 //162

抓状态工具 //178

抓状态练习 //182

第三章 拿结果：视人为人，借事修人

导读

三大断裂 //185

四赋：赋权 + 赋心 + 赋才 + 赋利 //189

绩效考核：对得起好的人，对不起不好的人

双轨制绩效考核：价值观与业绩一样重要 //197

绩效改进：不教而杀谓之虐 //211

解聘员工：雷霆手段，菩萨心肠 //215

绩效考核工具 //220

绩效考核练习 //221

复盘：不迁怒，不贰过

复盘文化：求真、求实、求学、求诚 //225

复盘质量标准：借事修人 //232

复盘"三招九式"：搭场子 //234

复盘工具 //250

复盘练习 //252

前　言
没有结果的管理，注定无结果

什么是"管理"？

从本质上说，管理是一种以取得结果为目标的工作，其评价标准是目标的完成程度。

什么是"管理者"？

关于管理者的定义不计其数，把事情做对、做好的人不是管理者，而是专家。管理者的第一要义是通过别人拿结果。

日本"经营之圣"稻盛和夫曾在公开场合表示，京瓷有很多管理者，能力并不怎么样，也不是最勤奋的，但他们是优秀的管理者。他们有一个特点，那就是他们在哪个团队，哪个团队就会莫名其妙地很厉害。

稻盛和夫认为，能够带领团队拿结果的管理者就像"吉祥物"，他们加入哪个团队，哪个团队就能拿到结果。京瓷之所以能够成为全球最有影响力的企业之一，核心原因之一是拥有大量能够带领团队拿结果的管理者。

拿结果是检验管理者的唯一标准

我们在服务企业的过程中，发现了一个常见的管理现象：管理者自己承担了团队里重要的项目，把风险和压力都集中在自己身上。因此，我们听管理者提到最多的一句话是："员工闲死，管理者忙死；员工事事不操心，管理者事事操碎了心。"

劳心者治人，劳力者治于人。管理者觉得忙碌、身心俱疲、员工能力不足、无法达成目标的主要原因无非两点：

一是该做的事管理者没去做；

二是不该做的事管理者乱做。

什么是管理者该做的事？

管理者最基本的职责是定目标、抓过程，带领团队拿结果。

什么是管理者不该做的事？

管理者不应该做的事是本应由员工完成的工作。为了提升效率，更快地达成目标，管理者亲自上手做。完成具体的工作，是员工的职责；指导员工完成工作，是管理者的职责。如果管理者总是代替员工完成工作，那么他不仅占用自己的时间和精力，还会使员工得不到成长。"能者多劳"这个词用在管理者身上，恰恰是无能和平庸的代名词。因为，只有无能和平庸的管理者才会事事亲力亲为，处处殚精竭虑，整天忙得像陀螺。

比尔·盖茨说过，管理者如果整天很忙，就证明一件事——能力不足。管理者一定要通过别人拿结果。如果你有一个 10 人的团队，每个团队成员都能达成目标，人人有事干，人人干得出色，那么你的团队业绩是 10 人之和。

管理者要带领团队拿到结果，首先要进行角色认知上的转换——管理者是通过别人拿结果的，拿结果是检验管理者的唯一标准。拿不到结果，管理者所有的动作都是假动作。

商场如战场，成王败寇。没有业绩的企业，如无源之水，而拿不到结果的管理者，即使自己很努力、很勤奋，依然是一个失败的管理者。拿到结果是对管理者管理能力最大的肯定，用结果说话也是管理者最有底气的表态。

管理者的结果观

对员工来说，达成目标就是给结果。能否达成基础目标和挑战目标，是判断员工拿结果能力强弱的唯一标准。

对管理者来说，结果有两个维度。

- 一是事上的结果：管理者带领的团队能否达成目标，目标的达成程度是多少。
- 二是人上的结果：关乎团队中每一个员工的成长，包括管理者是否花费时间和精力去培训和辅导员工，员工在管理者的带领下能否得到成长。

在现实的管理场景中，一提到结果，大部分管理者（甚至企业经营者）首先想到的是业绩目标——事上的结果。这一类管理者秉持"业绩为王"的观点，为了完成业绩，不惜让员工"996""007"。管理者虽然拿到了事上的结果，但一定拿不到人上的结果。因为管理者对员工进行的是压榨，而不是赋能。人伤了，事难成。

因事聚人，因人成事。判断一位管理者的拿结果能力主要看两点：一是看他能否带领团队拿到事上的结果；二是看他能否通过事培养出人才，拿到人上的结果。

管理者要有正确的结果观——既重视事上的结果，又重视人上的结果，通过团队拿结果，通过结果培养人，一个都不能少。事上的结果往往是短期利益，人上的结果才是长期利益。管理者要想从基层管理者晋升为高层管理者，业绩结果的影响比重会越来越小，真正起决定性作用的是业绩结果以外的人才培养、战略布局等因素。管理者要把眼光放得长远一些，不要局限在一时一地。

业务三板斧，使众人行

管理者拿结果有三重境界。

第一重境界是通过自己拿结果。处在这一重境界的是"使我行"——管理者凡事自己承担,团队里所有重要且紧急的事都是自己干,团队里 80% 的业绩来自自己。处在这一重境界的管理者是一个不合格的管理者。

第二重境界是通过别人拿结果。处在这一重境界的是"使他行"——管理者懂得定目标、抓过程、通过别人拿结果。处在这一重境界的管理者是一个优秀的管理者。

第三重境界是"使众人行"。处在这重境界的管理者能将团队成员拧成一股绳,使团队的每个成员都参与到攻坚克难、达成目标的行动中,不仅通过团队之力实现组织目标,还能帮助团队成员实现个人目标和梦想。处在这一重境界的管理者是卓越的管理者。管理者应该明白一个最基本的逻辑:员工愿意追随你,员工愿意努力奋斗达成团队目标,拿到结果,是因为你能够带领员工达成个人目标,实现个人梦想。员工一旦拿到个人结果,形成"拿到团队(组织)结果 = 拿到个人结果"的认知,达成团队和个人目标自然水到渠成。

管理者要从"使我行"到"使他行",再到"使众人行",离不开"业务三板斧",如图 0-1 所示。阿里巴巴认为,管理者(尤其是中基层管理者)不需要太复杂的管理理念和方法,掌握最基本的三招——定目标、抓过程、拿结果,就能使众人行。

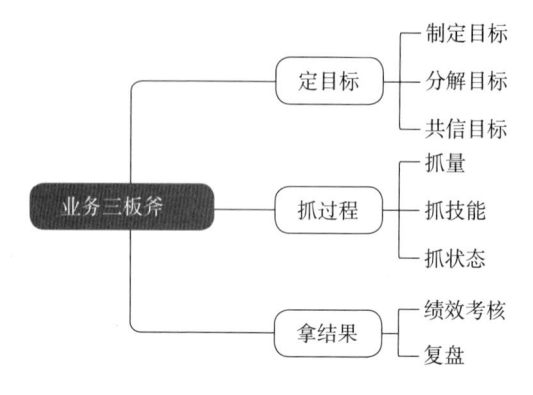

```
业务三板斧 ─┬─ 定目标 ─┬─ 制定目标
           │          ├─ 分解目标
           │          └─ 共信目标
           │
           ├─ 抓过程 ─┬─ 抓量
           │          ├─ 抓技能
           │          └─ 抓状态
           │
           └─ 拿结果 ─┬─ 绩效考核
                      └─ 复盘
```

图 0-1　业务三板斧

"定目标、抓过程、拿结果"是阿里巴巴中供铁军业务三板斧的"九字箴言",是阿里巴巴达成业绩目标和人才目标的核心方法论,被阿里人奉为圭臬,更为无数企业所效仿。其中,有的企业学到了精髓,有的企业只学习了"形",没有学到"魂",导致学着学着学偏了,或者学着学着中途夭折。

我虽出身阿里巴巴中供铁军,但后来创业数年,服务企业千余家。看山不是山,看山又是山,看山还是山。经过实践、沉淀、迭代,我对业务三板斧"九字箴言"又有了新的体悟。本书所分享的业务三板斧既源于阿里巴巴,又跳出了阿里巴巴,更适合企业管理者复制、实践。

业务三板斧具体的方法论和工具将在后面对应的章节里具体分享,这里透露一下业务三板斧的逻辑和重点。

业务三板斧的第一板斧是定目标。事上的结果是管理者定好目标、抓好过程带来的自然呈现。管理者要在因上努力,在缘上创造,在果上随缘,"因"是目标,"缘"是过程,"果"是事上的结果。目标是前提，过程是关键，结果是根本，三者环环相扣、相辅相成。目标一错，努力白费。管理者要制定哪些目标？什么样的目标是好目标？如何制定好目标？如何分解目标？如何共信目标？请阅读第一章。

业务三板斧的第二板斧是抓过程。或许你听过阿里巴巴的一句"土话"："没有过程的结果是垃圾，没有结果的过程是放屁。"话糙理不糙，这句话表明过程与结果缺一不可，两手都要抓，而且两手都要硬。所以，管理者要想拿到结果，一定要抓好过程，做好过程管理。当管理者"苛求"过程时，结果就会水到渠成。抓过程最高的境界是苛求过程，释怀结果。如果管理者把过程抓到位了，哪怕结果没有那么令人满意，他也不必纠结，要学会接受和释怀。管理者要抓哪些过程？如何抓过程？请阅读第二章。

业务三板斧的第三板斧是拿结果。拿结果离不开赋能人。赋能人是对得起好的人，对不起不好的人，奖勤罚懒，奖优汰劣，确保客观公正的绩效考核，打造公平的薪酬、晋升、汰换环境。过程要持续抓，赋能也需要持续做，基于个人目标的绩效考核和复盘更是必不可少。只有当管理者不断辅导和培养出能拿结果的员工时，团队才能持续拿结果。管理者如何做绩效考核？如何复盘？请阅读第三章。

管理者熟练掌握业务三板斧，遵照方法、工具，就能练好管理基本功，带领团队持续拿结果，打胜仗。

管理者运用业务三板斧的过程是一个循环往复的、闭环的过程，管理者每日、每周、每月通过业务三板斧拿到结果后，要不断总结经验、教训，进行迭代、升级。

基本功练扎实，就能赢 99% 的事情

我曾在阿里巴巴工作 9 年，在阿里巴巴学习了系统的管理理论，获得了行业内先进的实践经验。这段经历使我获益终生，我对管理的认知体系也是在此期间建立起来的。同时，这一角色也使我更能对中基层管理者的痛与伤产生共情，体悟到企业这一层级管理者的重要性和不容易。

从阿里巴巴离职以后，我一直专注于企业业务增长的培训、咨询和陪跑，帮助管理者成长。迄今为止，我们已经服务了 1 000 多家各个行业细分赛道的企业，其中有上市公司、国有企业、事业单位、私营企业等。我们在服务企业的过程中，对企业经营理念和实践经验进行了总结，发现了三个共性。

共性一：管理基本功不扎实。企业经营者经常说的一句话是"产值越来越大，但利润越来越小"。核心原因之一就是企业内功不足导致企业陷入低人效陷阱。内功就是企业的管理基本功。管理者不懂定目标、抓过程、拿结果，就会导致效率低下，一直拿不到结果。基本功不扎实，再精妙的技巧也是花拳绣腿。越是基础的动作，越容易做错。

2019 年，美团创始人王兴在除夕夜发布全员邮件，强调基本功的重要性："从商业历史来看，绝大多数公司的失败不

在于没掌握高难度动作，而是基本功出了问题。基本功就是业务和管理的基本动作，把基本功扎实练好，就能产生巨大价值……把基本功练扎实，我们就能赢 99% 的事情。"

越是基础的动作，越应该引起管理者的重视。管理者（尤其是中基层管理者）应该把大量的时间和精力花在基本功的修炼上，而不是说一些模糊不清的新概念、大而化之的词语。简单的事情重复做，重复的事情坚持做，日积月累，水滴石穿。

共性二：管理逻辑不清晰。关于提升管理能力，很多管理者寄希望于"向外求"，借鉴优秀企业的管理方法，学习优秀管理者的管理经验，却少了一个环节——向内看，没有将学到的理论和方法很好地沉淀下来并内化为适合自己企业和团队的管理逻辑。

千人千面，企业和企业在发展模式、业务方向、文化和价值观等方面也有很大的差别，管理者不能"照抄"其他企业和管理者的管理方法，一定要结合企业的实际情况辩证地加以运用。看一百遍，不如动手做一遍。管理者要将自己在管理过程中形成的经验、方法沉淀下来，形成企业的底层管理逻辑，在这个基础上，通过借鉴其他企业的优秀管理方法，进一步完善和迭代企业管理机制。

共性三：管理无抓手。很多管理者在用"蛮力"进行管理，找不到抓手，没有着力点，天天忙着"救火"。管理者如果带领的是一个十几个人的团队，或许用蛮力尚能解决问题。管理者如果带领的是几十个人、上百个人的团队，即使体力再好，也会疲于应对。管理者在带领团队时要用巧劲儿，通过找到管理中的抓手——业务三板斧，四两拨千斤，达到事半功倍的效果。

基于这些管理实践、现象、体悟等，我著有此书，在阿里巴巴管理体系的基础上，结合我在服务企业过程中的所思、所见、所行，围绕拿结果，为管理者找到系统可行的方法和路径，帮助大家少走弯路。

《业务三板斧》强调准则简单，实战实效，以战检学，以战促学。管理者最好的学习方式是从实践中学习，从"真枪实弹"中学习。没有人天生就会做管理，卓越的管理者不是天生的，而是从蹲马步开始，千锤百炼出来的。每日精进，就是一位管理者从青涩到成熟、从优秀到卓越的秘诀。

结果是远方的山，过程是脚下的路。愿你，拿到结果，打胜仗。

王建和

第一章

定目标：想清楚，写清楚，讲清楚，才能干明白

目标，是一切问题的根源。一个人、一个团队、一家企业之所以拿不到想要的结果，本质原因是目标制定不清晰以及执行不坚定。目标是前提，过程是关键，结果是根本，三者环环相扣、相辅相成。目标一错，努力白费。目标错了，坚持就是失败，放弃就是胜利。只有想清楚，写清楚，讲清楚，才能干明白。

导读

业务三板斧的第一板斧是定目标。无目标，不管理；无目标，无结果。定目标既是管理者的基本功之一，也是管理者带领团队拿结果的第一步。

管理者要带领团队拿结果，不谈目标，不谈目的，只谈结果，不客气地说，就是邯郸学步。

很多管理者容易把目标、目的和结果三者混为一谈。在这里，我举例说明三者的区别。"企业要赢利"，这是目的；"今年企业要赚2 000万元"，这是目标；"今年企业赚了1 000万元"，这是结果。

企业的一切经营活动都要围绕目的进行，没有目的，就一定会跑偏。目标一定要定好，因为好的目标是达到目的的前提。结果是定目标、抓过程之后带来的事实呈现。管理者要在因上努力，缘上创造，果上随缘，"因"是目标，"缘"是过程，"果"是结果。目标是前提，过程是关键，结果是根本，三者环环相扣、相辅相成。

一个人最终能够取得的成就，不是由起点决定的，而是取决于过程中是否有清晰的目标，是否能保持规划并且严格地执行。一家企业亦是如此。如果把企业比作一艘船，目标就是罗盘，没有明确目标的企业如同一艘没有罗盘的船，在茫茫大海上行驶却没有航向，只能随波逐流。

我们遇到过上百家企业的管理者，他们在年底制定目标时信心满满，但最终的结果是年年定目标、年年达不成，既浪费企业的成本，又消耗员工的心力。为什么会出现这样的情况？核心原因之一在于目标错了。目标一错，努力白费。目标错了，坚持就是失败，放弃就是胜利。只有想清楚，写清楚，讲清楚，才能干明白。

目标，是一切问题的根源。一个人、一个团队、一家企业之所以拿不到想要的结果，本质原因是目标制定不清晰以及计划执行不坚定。

如何定下一个激励人心、团队笃信的目标；如何将目标科学地拆解到每个人身上，达到"千斤重担万人挑，人人肩上有指标"；如何将目标共信给团队成员，让团队成员共同看见、上下同欲，是检验管理者是否会定目标的三大核心标准。

看目标全景图

凡事预则立，不预则废。管理者要想做好定目标这一管理基本动作，在定目标之前，要先看懂"目标全景图"。

为什么要看懂"目标全景图"？

很多管理者在定目标时缺乏全局思维，"只见树木，不见森林"，导致定出来的目标短浅，管理者如井底之蛙。"目标全景图"是企业的整个目标体系,如图 1-1 所示。管理者看懂"目标全景图",是为了对企业的整个目标体系进行全面、细致的了解,了解目标与目标之间的逻辑关系,了解每个目标的特征,了解目标的层级维度,等等。管理者只有看懂"目标全景图",在定目标时才会具备全局思维,做到"既见树木,又见森林"。

时间维度	任务	关键	层级维度		职责
使命愿景	看十年	企业的定位、生存的目标、承担的责任	企业目标		做正确的事
战略目标	定三年	可执行、具有持续性、取舍	首席执行官	发展路径	
年度目标	干一年	具体指标、策略、组织建设、文化	副总裁/总监		
季度目标		分阶段的策略落地、月目标的完成	经理		正确地做事
月目标		实施计划、过程监控	主管		
周目标		简单、具体、过程可追溯	员工		
日目标					

（越往上越要激励人心　　越往下越要具体可执行）

图 1-1　企业"目标全景图"

一家企业的目标体系从上到下可以划分为使命愿景、战略目标、年度目标、季度目标、月目标、周目标、日目标,要求不同层级的管理者有不同的目标视野。

企业最大的目标始于企业的使命愿景。这一目标由企业经营者制定,在制定这一目标时要"看十年"——企业未来十年要成为谁,企业经营者要看到企业未来十年的样子。企业的使命愿景决定企业的定位,是企业的生存目标和在社会上承担的责任。

战略目标源于对企业使命愿景的拆分。这一目标由企业经营者或高层管理者制定，在制定这一目标时要"定三年"，把企业十年的目标拆分成三年目标。战略目标具有两大特征：一是可执行，二是可持续，核心在于企业经营者或高层管理者的取舍，明白什么该做，什么不该做。

年度目标、季度目标、月目标、周目标、日目标来源于战略目标。企业高层管理者在制定年度目标时要"干一年"，将战略目标拆分为年度目标。目标越往上越要激励人心，越往下越要具体可执行。年度目标由企业高层管理者依照战略目标制定，需要有具体指标、目标策略、与之相匹配的组织建设和组织文化支撑；季度目标由企业中层管理者依照年度目标制定，具体到目标分阶段的策略落地；月目标由企业基层管理者依照季度目标制定，具体包括目标的实施计划、过程监控；周目标和日目标由员工依照月目标制定，要简单、具体、过程可追溯。

企业的使命愿景、战略目标和年度目标要求企业做正确的事；季度目标、月目标、周目标、日目标要求企业正确地做事。企业要想实现可持续发展，两者缺一不可。做正确的事是方向，方向选错了，企业做得越多"死"得越快；正确地做事是方法，没有正确的方法，企业会被"拖死"。如果我们把"做正确的事"比喻为船上的帆，那么"正确地做事"就相当于船上的桨。帆可以左右船前进的方向，但要想最终抵达预定的目的地，离不开提供动力的桨。

管理者在定目标时，要看懂企业"目标全景图"，了解企业各个目标之间的逻辑关系以及每个目标的制定人的情况，了解企业的整个目标体系，防止以偏概全，力图让所有人在"一张图"上用"一颗心"打赢"一场仗"。

好目标五要素

看懂企业"目标全景图"后，接下来管理者需要知道什么样的目标才是一个好目标。没有见过伟大，谈何伟大？很多管理者之所以定不好目标，是因为他们根本不知道也没见过好目标是什么样的，谈何定出好目标？

一个好目标要具备五要素，如图 1-2 所示。

```
                   好目标五要素
        ┌────────┬────────┼────────┬────────┐
     上接战略  下联绩效  全员"嗨爆"  符合SMART原则  贯穿八节点
```

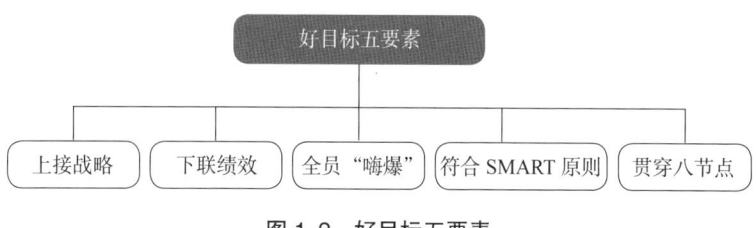

图 1-2　好目标五要素

上接战略

"上接战略"是指管理者定的团队目标要源自企业战略目标的有效分解与承接。

管理者要让团队成员清晰地知道自己在战略大图（如图 1-3 所示）中扮演的角色、承担的职责及目标与战略的关系。比如，企业的战略目标是什么？团队要实现什么样的目标才能有助于企业战略目标的实现？简单理解就是管理者所带领的每个团队成员的目标加起来必须大于等于团队整体目标，企业各个业务单元的业务目标加起来要大于等于企业整体的业务目标。只有这样，才能确保企业战略目标的实现。

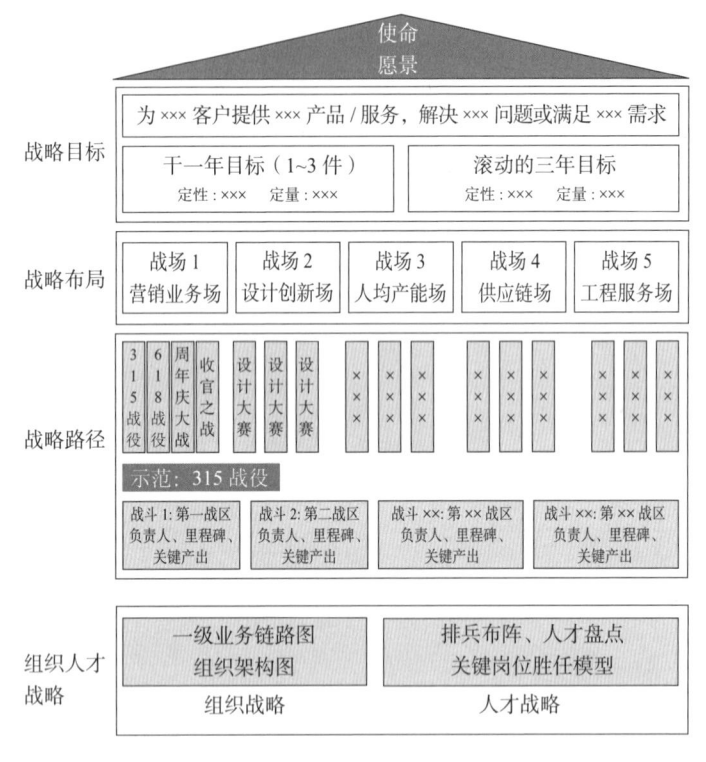

图 1-3　战略大图

管理者要把目标层层拆解到最小生产单元，落到各个部门、各个团队、各个小组，直至每个员工身上，让所有人方向一致、目标一致。只有这样，员工与企业才能同频共振，上下同欲。

下联绩效

"下联绩效"是指管理者定的目标是明确的，实施路径是清晰的，结果与过程都是可追踪、可考核的。简单概括，就是目标一定是清晰、明确、可衡量的，与员工的绩效挂钩。目标清晰，绩效考核就成功了一半。

全员"嗨爆"

"全员'嗨爆'"是指管理者对目标的解读要与企业愿景、团队梦想与个人梦想进行深度连接。目标不是"我"的，而是"我们"的。团队目标的达成，既要实现客户价值，也要实现企业、团队、个人的梦想与价值。比如，企业的战略目标是实现营业收入 10 亿元，某个团队成员的目标是今年买房。管理者要让这个团队成员知道他如何通过实现企业的目标，实现今年买房的目标。只有让团队所有成员的个人目标与企业目标发生深度连接，才能点燃激情，全员"嗨爆"。

符合 SMART 原则

目标不同于梦想。梦想是抽象的、概括的，而目标是具体的、可量化的。不可量化的目标，充其量只是一个想法。所以，一个好目标除了要上接战略、下联绩效、全员"嗨爆"，还要符合 SMART 原则，如图 1-4 所示。

```
                明确性
                specific
                  S
  时限性                        可衡量性
  time-bound  T       M       measurable
                 SMART
  相关性                        可实现性
  relevant    R       A       attainable
```

图 1-4　SMART 原则

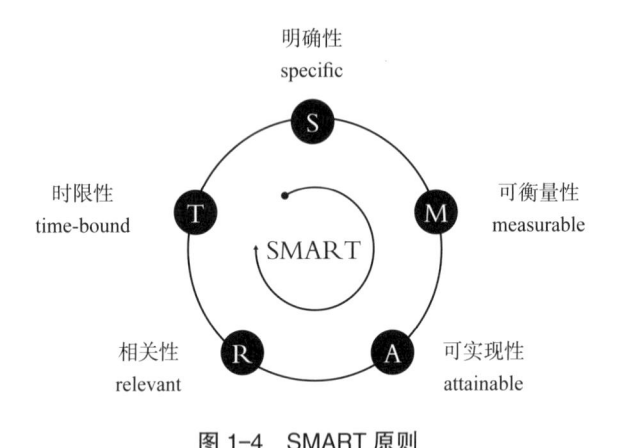

S（specific）指管理者定的目标要具体、明确、清晰，不能模棱两可。比如，管理者定的目标是"更好地服务客户"，这一目标不符合 SMART 原则，因为不够具体。什么程度才是"更好"？每个人的理解是不一样的。管理者可以把目标定为"本月要增加客户满意度评比的分值"，这样的目标才是具体、明确且清晰的。

在这里，我必须"唠叨"几句：管理者在定目标时，目标不能定太多，三个就足够了。目标太多，关注点太多，则容易忽略重点。面面俱到往往意味着全军覆没。

M（measurable）指管理者定的目标要可衡量。管理者定的目标要有明确的数据，数据是衡量目标是否达成的依据。如果管理者定的目标无法衡量，他就无法判断这一目标能否实现。比如，"比上一个月的销售业绩提升 30%"这一目标是具体的，但管理者如果没有记录这位员工上个月的销售业绩，就无法衡量他这个月的销售业绩是否提升了30%。

A（attainable）指管理者定的目标要可达成、可实现，要"激进且务实"。"激进"指管理者定的目标要"跳一跳，够得着"。取法于上，仅得为中；取法于中，故为其下。当管理者期望的目标是100分时，定的目标至少应该是120分，因为人性中的懒惰、自私自利等弱点会让人在执行目标时打折扣。只有当目标足够高远时，它才会催生创新，才能对员工起到激励作用。"务实"指管理者定的目标通过策略支撑是可实现的。比如，一位员工以往的月销售业绩在100万元左右，如果管理者"拍脑袋"，给他定下月销售业绩达到200万元的目标，显然这一目标是不切实际的。但是，如果管理者为这位员工持续赋能，通过资源和策略支撑，是可以实现这样的目标的。因此，管理者不能想当然地制定目标，既要抬头看天，也要低头走路。

R（relevant）指管理者定的目标要与企业相关。具体来说，目标要做到"三个相关"：

- 目标与管理者的主要职责相关；
- 目标与企业其他部门的目标相关；
- 目标与客户价值相关。

T（time-bound）指管理者定的目标要有时间限制。比如销售额提升30%，在什么时间段内提升，1个月还是3个月？截止日期是第一生产力，有时间限制的目标，才会让团队成员有紧迫感和创造力，才能激发出强大的潜能。

SMART 原则是一种简单有效的定目标方法，且适用于各个领域，能够帮助管理者成为目标制定高手，也能够让管理者成为高效率工作者。

贯穿八节点

除了以上四要素，一个好目标在设立的过程中，还要贯穿八个关键节点，如图 1-5 所示。

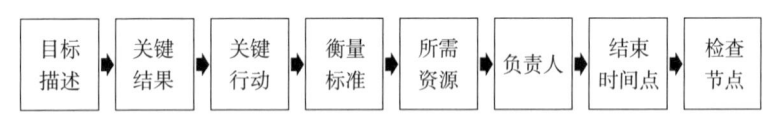

目标描述 → 关键结果 → 关键行动 → 衡量标准 → 所需资源 → 负责人 → 结束时间点 → 检查节点

图 1-5 好目标的八个关键节点

管理者在定目标时，八个关键节点缺一不可。在这里，我要特别强调：对"关键结果"这一节点，一定要进行描述，为了得到关键结果，需要付出哪些关键行动。其中，"衡量标准"也很重要。标准就是"有言在先，丑话说在前面"，管理者要做"事前臭皮匠"，不做"事后诸葛亮"。

这里推荐管理者使用定目标工具——甘特图，如图 1-6 所示。

甘特图是以提出者亨利·劳伦斯·甘特的名字命名的横道图、条状图，甘特图能够较为有条理且直观地呈现出一个目标的所有要素。甘特图以图示通过活动列表和时间刻度表示出特定项目的顺序与持续时间，能够直观表明计划何时进行，便于管理者弄清项目的剩余任务，从而评估工作进度。

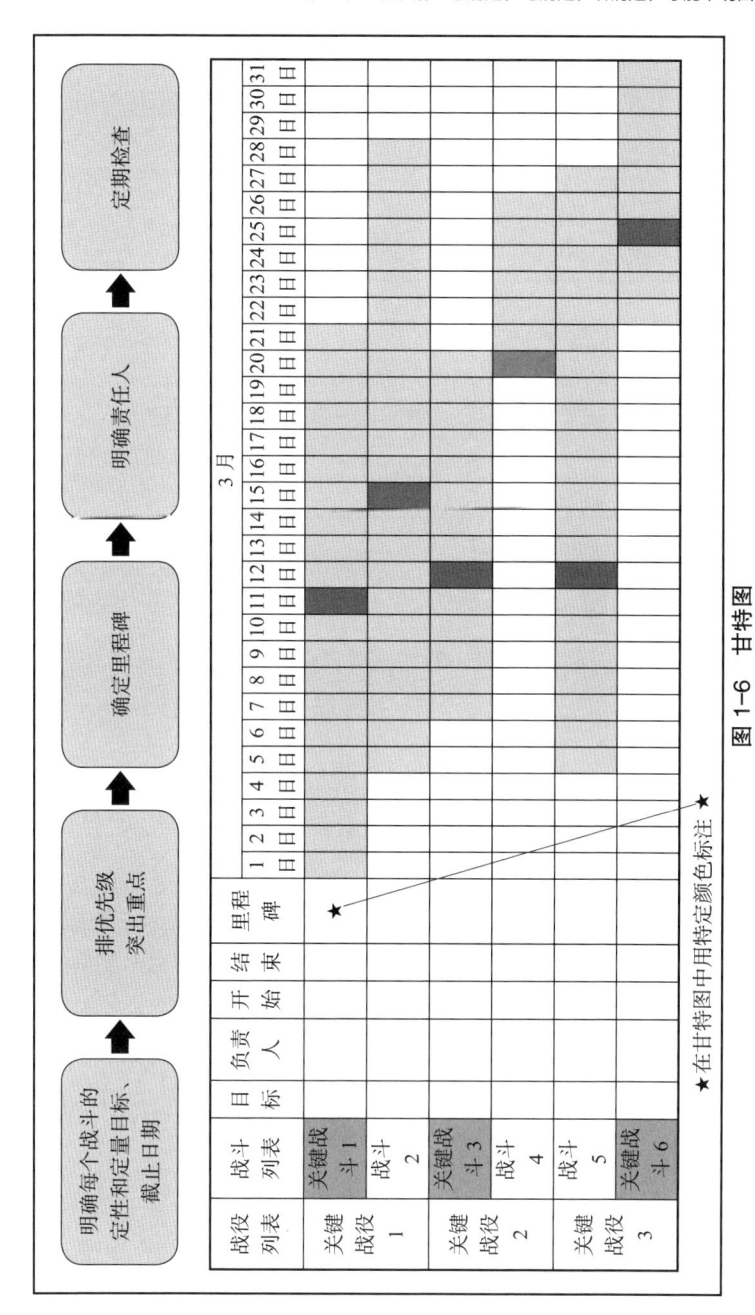

第一章 定目标：想清楚，写清楚，讲清楚，才能干明白

战役列表	战斗列表	目标	负责人	开始	结束	里程碑	3月 1日–31日
关键战役1	关键战斗1					★	
	战斗2						
关键战役2	关键战斗3						
	战斗4						
关键战役3	战斗5						
	关键战斗6						

★ 在甘特图中用特定颜色标注

流程：明确每个战斗的定性和定量目标、截止日期 → 排优先级突出重点 → 确定里程碑 → 明确责任人 → 定期检查

图 1-6 甘特图

以上是一个好目标的五要素，管理者可以通过表 1-1 来检测、评估自己定的目标是否达标。

表 1-1　好目标检测表

检测标准	是否达标	
你定的目标是否承接企业战略	是☐	否☐
你定的目标是否承接员工个人绩效、团队绩效	是☐	否☐
你定的目标能否让团队成员的个人梦想、目标得以实现	是☐	否☐
你定的目标是否符合 SMART 原则	是☐	否☐
你定的目标是否贯穿八个关键节点	是☐	否☐

目标避坑指南

定一个好目标很难，难在定目标的路上处处有"坑"。管理者要想定出一个好目标，要避开四个"坑"——"假""大""空""全"。

第一个"坑"是"假"。管理者在向团队成员下达目标时简单粗暴，没有向团队成员讲明白目标之间的逻辑关系以及完成目标的标准、意义，导致员工认为这一目标是"假目标"——目标是企业的目标、管理者的目标，唯独不是自己的目标，员工不会把企业的目标、团队的目标与自己的目标连接在一起。当员工认为目标是"假目标"时，就只会"低头拉车"，无法"抬头看路"，没有动力完成目标。

第二个"坑"是"大"。管理者定的目标不够具体、无法衡量，对目标没有清晰明确的标准。之所以出现"大目标"，要么是因为管理者自己心中有清晰标准，但说不清楚；要么是因为管理者自己没有明确的标准，更说不清楚。

第三个"坑"是"空"。管理者对目标缺少定期检查。管理者定出一个好目标只是踏出了第一步，要想带领团队拿到结果，在目标执行过程中要定期检查目标的完成情况，根据完成情况和时势做出及时有效的调整。

第四个"坑"是"全"。管理者定的目标太多，结果往往贪多必失。目标太多相当于没有目标。曾国藩曾说："用功譬若掘井，与其多掘数井而皆不及泉，何若老守一井，力求及泉而用之不竭乎。"一个人的时间和精力有限，一个团队的时间、精力和资源有限，不可能在同一时间内完成多个目标。达成目标最好的方法是在一定的时间内聚焦一个目标。

定目标三部曲

当管理者看懂了"目标全景图"，知道了什么样的目标是好目标，懂得了定目标要避开的四大"坑"时，此时万事俱备，只欠东风——如何定出一个好目标？

在不确定时代，市场竞争加剧，企业面临的首要任务仍然是增长。对一家企业来说，目标（尤其是业务目标）是生命线，目标是一切行动的原动力。一个人对目标的期望强度越大，动力就越大，成功的概率也就越大。阿里巴巴称之为"极度渴望成功，愿付出非凡代价"。

管理者要想定出一个好目标，三个核心步骤不能少，我总结为定目标三部曲，这是阿里巴巴中供铁军制定业务目标的方法论，适用于任何企业、任何团队，如图 1-7 所示。

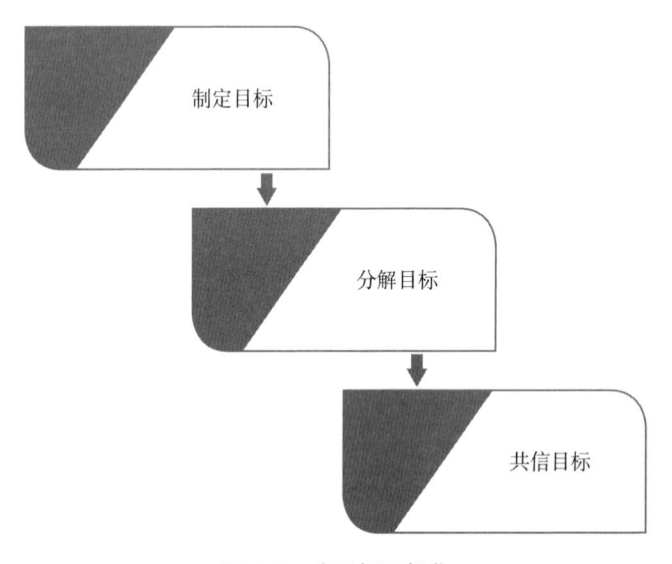

```
制定目标
   ↓
分解目标
   ↓
共信目标
```

图 1-7 定目标三部曲

定目标不是简单地列清单，每个目标都与企业的使命愿景和战略实现相关。管理者要想练好定目标这一基本功，带领团队拿到结果，只有日拱一卒，不断打磨自己，不断精进。

制定目标：目标刻在钢板上，计划写在沙滩上

管理者定目标的第一部曲是制定目标。

请你在阅读本节内容之前，先思考一个问题：企业里，什么样的管理者最不受员工欢迎？

主要有以下几种：目标模糊，说不清楚工作任务；目标朝令夕改；不管过程，只要结果。当管理者不会制定目标或者制定的目标不清晰时，就会导致团队成员每天都在忙，却始终没有结果。管理者为了改变这种情况，制定各种规则对员工进行考核，最后能者跳槽，庸者唯唯诺诺，团队内部形成恶性循环。

如何解决这些问题呢？管理者的主要职责是决定做什么事情，并通过对现有的资源，包括人、事、物等的有效利用，来完成要做的事情。管理者决定要做的事情就是目标。管理唯一的目的是持续不断地达成组织目标。制定目标是管理者履职的第一步，也是拿结果的起点。

管理者要如何制定一个符合目标五要素的好目标呢？为了方便大家记忆，我把制定目标的方法结构化、清晰化，总结为四个字，即"天""地""彼""己"，如图1-8所示。

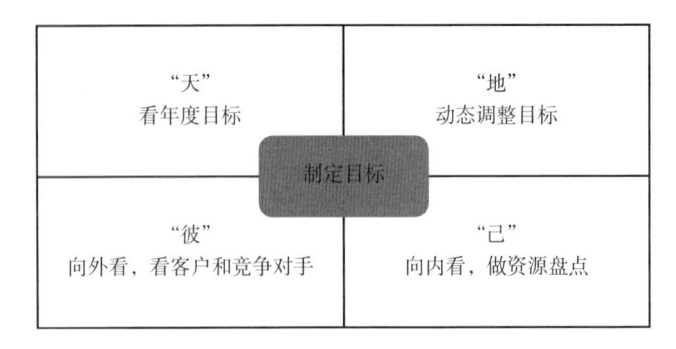

```
┌─────────────────────┬─────────────────────┐
│   "天"              │   "地"              │
│   看年度目标         │   动态调整目标       │
│           ┌─────────┐                     │
│           │ 制定目标 │                     │
│           └─────────┘                     │
│   "彼"              │   "己"              │
│   向外看，看客户和竞争对手 │ 向内看，做资源盘点 │
└─────────────────────┴─────────────────────┘
```

图 1-8 "天""地""彼""己"制定目标法

管理者在了解"天""地""彼""己"制定目标法之前，先要明确一个问题：作为管理者，我们要制定哪些目标？

在制定目标之前，管理者要先了解企业的目标分类。归纳起来，目标主要有以下三种分类方法。

一是时间线。管理者可以按照企业在不同时间段的发展情况，设定长期目标（5~10年）、中期目标（3~5年）、短期目标（1~3年）等。对时间线进一步细分，可以把企业的目标分为年度目标、季度目标、月目标、周目标、日目标。本节将聚焦月目标管理体系及方法论，因为月目标承上启下，是企业整个目标体系的中枢。

二是职责线。管理者可以按照岗位职责，将目标拆解到不同业务板块，比如营销目标、业绩目标、创新目标、人力资源目标、生产目标、利润目标等。

三是角色线。高层管理者、中基层管理者及员工在企业中承担的角色不同，对应的目标也不同。本节将聚焦中基层管理者的目标管理体系及方法论，因为只有中基层管理者所带领的团队达成日目标、周目标、月目标、季度目标、年度目标，企业才能达成年度目标，继而达成战略目标。

明确了目标的分类，再来回答"管理者要制定哪些目标"这一问题。管理者要制定三大目标，即月基础目标、月挑战目标和非业绩目标。

月基础目标是团队一个月内必须达成的基础目标，是底线目标。今天最好的表现是明天最低的要求。月基础目标代表目标的下限，是管理者带领团队在一个月内确保完成的目标。比如，管理者可以将月基础目标制定为"4月完成销售业绩1 000万元，团队成员可以拿到基础奖金"。

月挑战目标是管理者带领团队在一个月内"跳一跳"能够达成的目标，与奖励挂钩。什么是"跳一跳"能够达成的目标？这是指管理者制定的目标必须具有挑战性，不是团队成员"一抬手"就能达成的目标。月挑战目标不能太低，因为容易达成的目标会让团队成员失去激情，安于现状，也无法激发团队对业务策略的创新性思考；月挑战目标也不能太高，因为太高的目标会让团队成员无法达成，从而失去拿结果的信心。同时，高目标要匹配高奖励，重赏之下必有勇夫。比如，管理者可以将月挑战目标制定为"4月完成销售业绩1 500万元，团队成员可以拿到1.5倍的奖金"。

非业绩目标是管理者为了落地战略意图或实现月挑战目标，提升或优化团队能力、招聘、业务流程、业务卡点突破、关键指标等方面的目标。比如，在完成目标的过程中，管理者希望产品有所创新，售后质量和服务有所提升与优化，吸引和留住核心人才等。

在你对制定哪些目标了然于胸后，接下来，请跟随我的脚步，开启一场知行合一的目标制定之旅。

"天"：看年度目标

"天"意指企业的年度目标。

企业的年度目标是企业达成战略目标的必要支撑，是配置资源的基础，是评价管理者的主要标准，是监测长期目标实现过程的主要工具，是管理者制定月基础目标和月挑战目标的源头。

月基础目标和月挑战目标由企业的年度目标拆分而来。所以，管理者在制定月基础目标和月挑战目标时，要先看企业的年度目标，弄清楚企业年度目标与月基础目标、月挑战目标之间的逻辑关系。

那么，问题来了：企业的年度目标从何而来？管理者如何通过看年度目标制定月目标？

第一步：确定年度目标

一般而言，企业的年度目标通过"三看"而来——看历史、看战略、看标杆。

看历史

企业的年度目标要承接战略，这是管理者要明确的核心逻辑。基于这一逻辑，在确定年度目标时，首先，管理者要看企业的历史增长指标，比如，管理者在制定 2023 年的年度目标时，要往后看三年——看 2020 年、2021 年和 2022 年的增长指标分别是多少；其次，管理者要根据企业这三年的历史增长指标，制定本年度目标——业绩是在上一年度的基础上增长 20%，还是增长 30%。

看战略

"看战略"是指管理者在制定年度目标时，要分析企业未来五年的战略目标。比如，企业未来五年的战略目标是实现营业收入 100 亿元，管理者可以将这一战略目标层层拆分为年度目标。

看标杆

"看标杆"是指管理者在制定年度目标时，要分析行业标杆。比如，2023 年行业标杆企业制定的年度目标是业绩比上一年度增长 30%，那么管理者可以把企业的年度挑战目标制定为"业绩比上一年度增长 35%"。

第二步：拆分年度目标

管理者要将年度目标拆分为团队的半年度目标、季度目标和月目标。

如何拆分年度目标？知己知彼，才能百战不殆。管理者在拆分年度目标时，可以运用"三看拆分法"。

- 一看客户。了解客户才能赢得客户。管理者要对企业目标客户的需求、购买行为进行分析。比如，目标客户的需求是否发生变化？客户的购买行为是否发生变化？
- 二看市场。了解市场才能赢得竞争。管理者要对市场容量和发展趋势进行分析。比如，企业所在的市场是增量市场还是存量市场？是否存在淡季、旺季、季节性市场？是否会受到政策影响？企业的竞争对手有哪些市场活动？
- 三看自己。了解自己才能赢得机会。管理者要对企业、团队、组织能力等进行全面分析。比如，往年制定的目标是否达成？企业现有组织能力如何？是否有招聘计划、培训计划？企业是否有年度长线策略？

月基础目标是团队每个月目标的"基准线"。管理者制定月基础目标的目的是使年度目标有节奏地达成。

举例，某企业2023年的业绩目标是1 000万元，首先，管理者通过"三看拆分法"拆分年度目标，得出该企业2023年上半年的业绩目标是340万元（上半年是产品销售淡季），下半年的业绩目标是660万元（下半年是产品销售旺季）；其次，管理者通过"三看拆分法"将半年度目标拆分为季度目标，得出第一季度的业绩目标是105万元，第二季度的业绩目标是235

万元，第三季度的业绩目标是345万元，第四季度的业绩目标是315万元；最后，管理者通过"三看拆分法"将季度目标拆分为月基础目标，得出1~12月的月基础目标。月基础目标拆分示意如表1-2所示。

表1-2 月基础目标拆分示意

年度目标 1 000万元	半年目标	上半年			下半年		
		340万元			660万元		
	季度目标	第一季度	第二季度		第三季度		第四季度
		105万元	235万元		345万元		315万元
	月目标	1月	2月	3月	4月	5月	6月	7月	8月	9月	10月	11月	12月
		30万元	30万元	45万元	60万元	80万元	95万元	105万元	115万元	125万元	135万元	105万元	75万元

月挑战目标是跳一跳够得着的目标。管理者制定月挑战目标的目的是使团队实现战略、超越标杆。

以上就是管理者通过看年度目标制定月目标的方法。管理者要日拱一卒，在实际操作中加以针对性练习，最终制定出一个符合目标五要素的月目标。

目标博弈：防止讨价还价式定目标

无论是制定月基础目标，还是制定月挑战目标，管理者一定要防止讨价还价式定目标。从人性的角度来说，管理者制定目标的过程，就是不断地与团队成员进行目标博弈的过程。

什么是目标博弈？

管理者制定出团队的月基础目标和月挑战目标，团队成员担心完不成基础目标或不敢挑战高目标，向管理者表示目标不合理，要求更改目标，而后管理者向企业高层反馈调整目标，高层批评管理者没有大局观，缺少冠军之心，不敢挑战高目标，管理者受夹板气后，向团队成员通告高层决策，团队成员表示目标不合理，内心有怨气……这一过程就是目标博弈，管理者就是在以讨价还价的方式制定目标。

在目标博弈的过程中，管理者与团队成员来回拉扯，剑拔弩张。我见过最为激烈的一次目标博弈是，管理者与团队成员吵得不可开交，最后管理者在众目睽睽之下愤然离场。

在目标博弈的过程中，不管最终结果于哪一方有利，都会导致大量的时间和管理资源被浪费，让管理者心力交瘁，最终伤团队、伤自己。因此，目标博弈是一场双输。

管理者应该如何防止目标博弈呢？深度理解博弈现象的根本原因，是解决问题的前提。目标博弈的本质是什么？我认为，其本质是管理者和团队成员双方的利益诉求不同。对管理者而言，要想达成团队目标，基于战略目标达成，基于战胜竞争对手，基于市场占有率，要制定较高目标；对团队成员而言，为了不被扣绩效奖金，为了不承担太大压力，他们更倾向于较低的目标。这两种利益诉求在某种程度上是不兼容的，即管理者"制定较高的目标"不能满足员工想要收益稳定的诉求，而要想满足员工收益稳定的诉求，管理者就只能制定较低的目标，但这样不能保证目标达成。

当到了博弈双方不得不做出选择的时候，他们只好各自退让一步，选择一个折中的目标。目标虽然折中了，但因为没有满足博弈双方各自的诉求，导致双方都不满意。

如何解决这一冲突呢？应该用月基础目标保证员工收益稳定，用月挑战目标突破员工收益。

月基础目标是底线目标，是员工符合岗位要求就能完成的目标，是基于目标达成的历史数据制定的。如果员工完不成月基础目标，要么是工作能力不满足岗位要求，要么是能力与岗位要求不符。月基础目标要与员工的岗位职责挂钩，员工完成月基础目标就能保证自己的收益稳定。这样管理者在制定月基础目标时很容易和员工达成共识。

月挑战目标是员工突破自己的潜力后能完成的目标。管理者要通过调整机制来激发团队成员的潜能，基于多重目标设计奖励机制，鼓励员工突破自己，从而完成挑战目标。超过基础目标的部分，可以给员工更高的提成比例或者奖励奖金。目标的核心是：高高山顶立，深深海底行。管理者要让员工看到，择高而立的目标不是压力，而是动力，只要能够完成挑战目标，就能获得更多的收益。

管理者通过用月基础目标保证员工收益稳定，用月挑战目标突破员工收益这一方式，不仅可以让员工全力以赴，充分享受达成目标的成果，又能更加有针对性地管理目标，从而实现共赢。管理者一定要记住，可以和团队成员围绕资源与支持政策"讨价还价",但一定不能围绕目标"讨价还价"。

"地":动态调整目标

"地"意指管理者在制定三大目标时,要对目标做动态调整。什么是动态调整目标?

目标的拆分过程是企业的年度目标分解到季度目标,再到月目标、周目标、日目标,是自上而下的。而目标的达成,是自下而上的,先达成日目标,再达成周目标、月目标、季度目标,最终达成企业的年度目标。

"计划要赶上变化",在目标达成的过程中,管理者要盯紧月基础目标和月挑战目标,及时了解目标完成进度和完成过程中出现的问题。如果某个环节的目标出现偏差,管理者要及时对目标进行动态调整,以保障年度目标达成。

这意味着即使管理者制定的目标符合目标五要素,是一个好目标,也不是固定不变的。应时而变,择时而动。管理者在带领团队拿结果的过程中,要根据目标的达成情况、市场情况、竞争对手情况等进行调整,切忌一条道走到黑,不知道变通和调整,而要及时调整目标,及时止损。

管理者如何对月基础目标和月挑战目标进行动态调整呢?管理者要遵循"一原则",采用"一方法"。

把握方向,快速迭代

管理者在对目标进行动态调整时,要遵循一个原则:把握方向，快速迭代。

把握方向是指管理者对目标进行动态调整时要以达成企业年度目标为方向。快速迭代是指管理者识别到月基础目标和月挑战目标发生偏差后，要及时、快速地调整之后的目标。

滚动调整法

管理者在对目标进行动态调整时，可以采用一种方法——"滚动调整法"。

所谓"滚动调整法"，是指管理者到了月底要及时识别当月的目标达成情况，根据季度目标达成情况，调整下一个月的目标，使团队目标滚动式地向前发展，直至最后达成季度、年度目标。

第一步：识别。管理者要及时了解月基础目标和月挑战目标的达成情况。目标是否达成，通过数字即可知晓。这一步的关键是管理者要识别目标没有达成的原因，只有识别出原因，才能解决问题，达成下一个月的目标。

第二步：调整。一旦识别出某一个月的基础目标和挑战目标有偏差，管理者就要对接下来几个月的基础目标和挑战目标进行调整。说到这里，我想提问管理者：如果你给团队制定的5月基础目标是业绩达到100万元，团队成员只完成了60万元的业绩，还有40万元的业绩没有完成，这种情况下，你应该如何调整目标？

我们在服务企业的过程中问过很多管理者，他们会说，应该把 5 月没有完成的目标叠加到 6 月的基础目标上，使团队 6 月的基础目标变成 140 万元。试想一下，5 月的基础目标都没有达成，6 月制定如此高的目标，团队成员达成的概率有几成？这样做大概率是达不成目标的。

所以，管理者在进行动态调整目标这一动作时，不应该把没有达成的目标叠加在下一个月。动态调整目标要做到：围绕年的季，围绕季的月，围绕月的周，围绕周的日。管理者要围绕企业的年度目标重新规划季度目标，围绕季度目标重新规划月目标，以此类推。管理者动态调整目标示意，如图 1-9 所示。

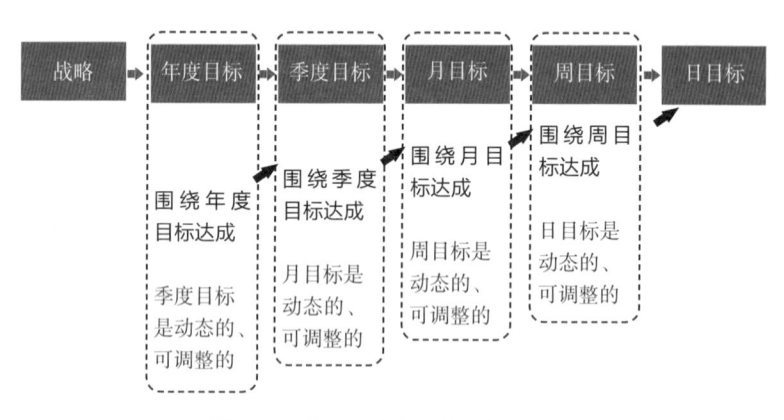

图 1-9　管理者动态调整目标示意图

为了让读者进一步理解如何对目标进行动态调整，我以某企业的月基础目标动态调整为例来分享具体方法。

某企业管理者对年度目标进行拆分，得到绍兴区域销售团队的第二季度业绩目标是 800 万元，绍兴区域的大区经理对第二季度的业绩目标进行拆分，得出月基础目标分别为 4 月 250

万元、5月270万元、6月280万元。

首先,管理者要进行识别。4月结束后,大区经理对4月的基础业绩目标进行识别,发现团队在4月只完成了203万元的业绩,与原定的目标相差47万元。目标无法达成的原因是什么?大区经理对这一问题进行识别,洞察到影响目标达成的最大因素是团队的业务员数量少,导致拜访客户数量少、质量低。如何解决这一问题呢?大区经理给出的解决方案是招聘和培训业务员,招聘目标是5月上岗10人。

其次,管理者要进行调整。识别结束后,大区经理对5月和6月的基础目标进行了调整,把4月没有完成的差额目标47万元分配到5月和6月。请注意,目标动态调整一定不是平均分配。大区经理动态调整目标的依据是:重新招聘人员上岗及培训需要一定时间,5月新上岗人员的业务能力还在成长期,所以5月承担的目标额小——7万元,6月新上岗人员的业务能力得到历练,可以挑战更高的目标,所以6月承担的目标额大——40万元。调整后的5月和6月的动态目标如表1-3所示。

表1-3 某企业月基础目标动态调整示意

绍兴区域目标规划第二季度目标:800万元			
月份	4月	5月	6月
月目标	250万元	277万元 270万元+7万元	320万元 280万元+40万元
实际达成	203万元		
差额	47万元		

管理者需要注意的是，目标既不能一成不变，也不能随意调整，动态调整目标一定要建立在科学分析和慎重考虑的基础之上。

"彼"：向外看，看客户和竞争对手

"彼"意指外部环境，这里指管理者在制定目标时要"向外看"。

管理学大师彼得·德鲁克指出："所有的创新机会都来自外部环境的变化。"企业的发展离不开外部环境提供的土壤，外界的风吹草动直接影响企业的市场份额、营业收入和利润，是推动或阻碍企业达成战略目标的主要力量。所以，优秀的企业时刻向外看，关注外部环境。

我们在服务企业的过程中，发现很多中基层管理者在制定目标时像鸵鸟一样，把头钻进沙子里，不愿意拥抱变化，不敢直面困难，坐井观天，结果导致制定出来的目标要么一厢情愿，定得太高，团队无法达成；要么定得太低，月月原地打转，团队能力得不到提升。

有效的目标，来自企业和团队外部，产生于满足客户需求的过程。因此，管理者在制定目标时要"向外看"，眼观六路，耳听八方，通过关注外部环境的变化、客户的需求和竞争对手的"打法"，确保制定出的目标不是"空中楼阁"。

管理者在制定目标时"向外看"，看什么？怎么看？图1-10所示为管理者制定目标时要做到的向外"两看"。

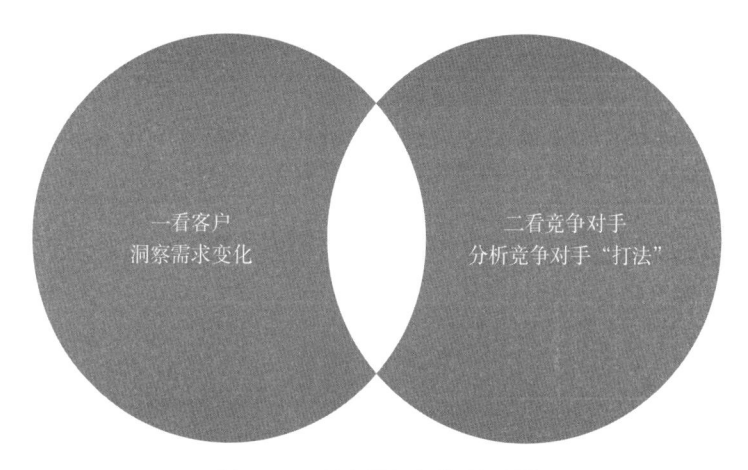

图 1-10 制定目标向外"两看"

看客户：洞察需求变化

管理者"向外看"，首先要看客户，洞察客户需求变化。

对销售团队的管理者而言，"看客户"很好理解。非销售团队的管理者也会有困惑：我们不是销售人员，也有客户吗？当然有。企业里每个岗位都有自己的客户。对销售岗位的人来说，消费者是客户；对行政岗位的人来说，企业内的员工是客户；前台接待人员的客户是每个来访者……所以，企业里不存在没有客户的岗位。

如何"看"客户？管理者可以通过看客户画像、客户需求、市场客户容量的变化趋势，思考其对于业务的影响是正向的还是负向的，从而制定出团队的月基础目标和月挑战目标。管理者在看客户时，可以通过表 1-4 来洞察客户需求变化。

表 1-4 洞察客户需求变化表

客户需求分析	分析结果
本月客户的需求、偏好、购买行为发生了什么变化	
本月客户的需求、偏好、购买行为对结果有什么影响	
本月客户的需求、偏好、购买行为发生变化时，你是否要对月基础目标和月挑战目标进行动态调整	

看竞争对手：分析竞争对手"打法"

管理者"向外看"，其次要看竞争对手，分析竞争对手的"打法"。

管理者分析竞争对手的"打法"，目的是了解对手，洞悉对手的市场目标、市场策略、市场动作等，从而对自己团队的月基础目标和月挑战目标进行动态调整。毕竟，打赢竞争对手才能达成目标，拿到结果。

管理者在"看"竞争对手时，要解决两个问题：看谁？怎么看？

看谁：正确界定竞争对手

不怕对手强，就怕对手弱。管理者在看竞争对手时，要尽量选择同行业的标杆企业——同行业中国第一的标杆是谁？同行业亚洲第一的标杆是谁？同行业世界第一的标杆是谁？

管理者在看竞争对手时，除了要看同行业的对手，还要看不同行业在相同资源上存在竞争关系的对手。比如，当当网和华为的主营业务不一样，也不属于同一个行业，但这两家公司在人力资源上存在竞争关系，因为它们都需要优秀的程序开发人员。一般而言，企业的竞争对手可以分为四类：直接竞争对手、间接竞争对手、替代性竞争对手和潜在竞争对手，如表1-5所示。

表1-5 企业界定竞争对手的四个标准

对手类型	对手类型标准	举例
直接竞争对手	产品相同，客户相同	可口可乐 vs 百事可乐
间接竞争对手	产品不同，客户相同	可口可乐 vs 燕京啤酒
替代性竞争对手	客户相同，可以互相替代彼此	柯达胶卷 vs 索尼数码相机
潜在竞争对手	行业相关者和非行业相关者	冰箱生产厂家 vs 洗衣机生产厂家

需要提醒管理者的是，商业竞争中没有永恒的敌人，也没有永恒的朋友，竞争对手也会随着环境的变化而变化。

怎么看：看四个维度

迈克尔·波特在《竞争战略》一书中提出竞争对手分析的模型，管理者主要看竞争对手的四个维度：现行战略、实力分析、行为假设、未来目标。

- 现行战略：竞争对手目前正在做什么，将来能做什么。
- 实力分析：竞争对手有哪些优势，与竞争对手的差距在哪里。
- 行为假设：竞争对手有哪些劣势，针对其劣势有什么机会。
- 未来目标：驱使竞争对手向前发展的动力。

管理者可以依据以上四个维度对竞争对手进行关键竞争因素对比，从而调整团队的目标和目标达成策略。表1-6为管理者看竞争对手制定目标的工具。

表 1-6　看竞争对手制定目标

对比项目	竞争对手情况	本企业/团队情况	相对于竞争者		目标
			优势	劣势	
现行战略					
实力分析					
行为假设					
未来目标					

最后,总结一下"彼":如何通过看客户和竞争对手制定目标?

管理者要向外看:一看客户,洞察客户需求的变化,根据客户需求的变化来制定目标或对目标进行动态调整;二看竞争对手,分析竞争对手"打法",根据竞争对手的现行战略、实力分析、行为假设、未来目标来制定目标或对目标进行动态调整。

"己":向内看,做资源盘点

知彼知己,才能百战不殆。管理者在制定目标时,不仅要向外看,还要向内看。向内看就是看自己,盘点企业内部资源。

经营企业,管理者需要将"向外经营"与"向内经营"相结合。很多管理者的眼睛只会向外看,盯着市场的风吹草动,盯着竞争对手的一言一行,导致他们没有时间和精力向内看。如今外部市场环境提供的机会越来越少,竞争压力越来越大,管理者如果只顾向外看而不向内看,即使看到机会也抓不住。管理者尤其是中小企业的管理者,在看外部的同时也应该看内部,看清企业和团队现有的资源、优势以及存在的不足,查缺补漏，练好团队基本功。当我们势单力薄，改变不了环境时，可以选择改变自己。

管理者在制定目标时如何向内看呢？向内看的核心动作是进行资源盘点。管理者要对企业的合作渠道、团队老客户储备、意向客户盘点、行业的市场容量、团队能力、团队成员的状态等进行评估、分析，从而制定符合目标五要素的月基础目标和月挑战目标，做到手里有粮，心里不慌。

下面以"意向客户盘点"为例，分享如何通过资源盘点制定目标。管理者在对意向客户进行资源盘点时，分为以下三步。

第一步：评估意向程度

管理者要对团队已有的意向客户进行评估，判断其意向程度。客户的意向程度强弱直接决定了团队的业绩目标能否达成。

我推荐管理者使用"MAN 法则"来判断客户意向程度强弱。"M"是 money，即客户是否有购买能力，是否买得起产品；"A"是 authority，即客户是否为购买决策人，直接联系的客户是否有权决定购买；"N"就是 need，即客户是否有购买需求，如表 1-7 所示。

表 1-7　判断客户意向程度强弱的"MAN 法则"

购买能力	购买决策权	购买需求
M（有）	A（有）	N（有）
m（无）	a（无）	n（无）

第二步：客户分类

管理者根据表 1-7 的 "MAN 法则" 对团队已有的意向客户进行分类，分类标准如图 1-11 所示。

```
A 类客户 ──→ 1. M+A+N
              ┌ 2. M+A+n
B 或 C 类客户 ┤ 3. M+a+N
              └ 4. m+A+N
              ┌ 5. m+a+N
D 类客户      ┤ 6. M+a+n
              └ 7. m+a+n
```

图 1-11　意向客户分类标准

第三步：制定目标

管理者根据图 1-11 中的意向客户分类标准和团队成员能力高低，就能制定出团队的业绩目标，如图 1-12 所示。

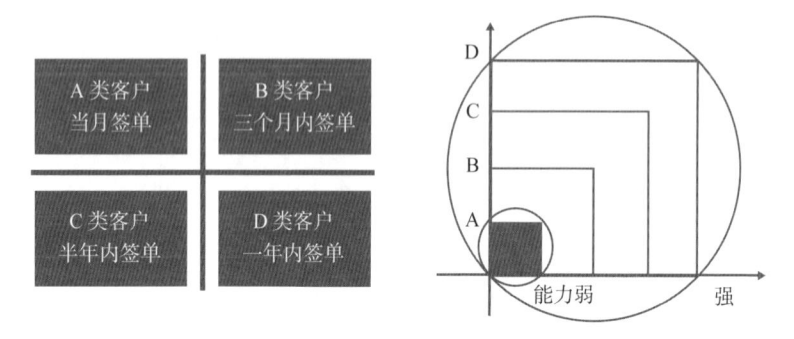

A 类客户 当月签单	B 类客户 三个月内签单
C 类客户 半年内签单	D 类客户 一年内签单

图 1-12　"意向客户盘点" 制定目标法示意图

管理者进行意向客户盘点的核心是将客户规模、人数、订单金额、成交周期等通过数字呈现出来，从而计算出团队的业绩目标。

管理者在制定团队的月基础目标和月挑战目标时,除了要盘点意向客户,还要盘点渠道。盘点渠道的目的是帮助管理者了解企业已合作的渠道情况,制定本月渠道能达成的业绩目标。

管理者盘点渠道的方法可以参考意向客户盘点的三个步骤,盘点渠道的工具如表 1-8 所示。

表 1-8　渠道盘点表

本月渠道业绩目标					
合作渠道名称	负责人	渠道预估业绩目标	难点	应对措施	备注

如果没有资源支撑,管理者制定的目标再好也无法达成,所以管理者在制定目标时要进行资源盘点。做管理就是在做数学题。目标不是管理者随口说出的一个数字,而是通过资源盘点准确计算得出的结果。如果管理者制定的月基础业绩目标是 100 万元,管理者一定要清楚地知道团队达成 100 万元目标的存量资源是多少,增量资源是多少。

为了让读者进一步理解如何通过"向外看"和"向内看"制定目标,我们以服务过的 A 企业为例来分享具体方法。

A 企业 2022 年度业绩目标是 10 亿元,通过"天"——看年度目标,管理者制定出每个月的基础目标,如表 1-9 所示,其中 6 月基础目标为 8 200 万元。

表 1-9　A 企业月基础目标

时间	2022 年度目标拆分（总目标：10 亿元）											
	一季度 目标：2.2 亿元			二季度 目标：2.4 亿元			三季度 目标：2.6 亿元			四季度 目标：2.8 亿元		
	1月	2月	3月	4月	5月	6月	7月	8月	9月	10月	11月	12月
基础目标	7 000万元	7 200万元	7 800万元	7 800万元	8 000万元	8 200万元	8 300万元	8 700万元	9 000万元	9 200万元	9 400万元	9 400万元

管理者通过"地"——对月基础目标做动态调整，识别出 4 月和 5 月团队基础目标完成率仅有 76%。为了确保达成第二季度目标，管理者对 6 月的基础目标进行动态调整，动态调整后，6 月动态目标为 1.2 亿元，如表 1-10 所示。

表 1-10　A 企业动态调整后的目标示意

时间	2022 年度目标拆分（总目标：10 亿元）											
	一季度 目标：2.2 亿元			二季度 目标：2.4 亿元			三季度 目标：2.6 亿元			四季度 目标：2.8 亿元		
	1月	2月	3月	4月	5月	6月	7月	8月	9月	10月	11月	12月
基础目标	7 000万元	7 200万元	7 800万元	7 800万元	8 000万元	8 200万元	8 300万元	8 700万元	9 000万元	9 200万元	9 400万元	9 400万元
实际成交单数	/	/	/	350单	400单		/	/	/	/	/	/
实际业绩额	/	/	/	5 600万元	6 400万元		/	/	/	/	/	/
差额	/	/	/	2 200万元	1 600万元		/	/	/	/	/	/

(续表)

时间	2022 年度目标拆分（总目标：10 亿元）											
	一季度 目标：2.2 亿元			二季度 目标：2.4 亿元			三季度 目标：2.6 亿元			四季度 目标：2.8 亿元		
	1月	2月	3月	4月	5月	6月	7月	8月	9月	10月	11月	12月
动态调整目标	/	/	/	/	/	8 200 +2 200 +1 600 =12 000 万元，即 1.2 亿元	/	/	/	/	/	/

管理者通过"彼"——向外看，首先看客户，盘点客户市场地图，统计出潜在客户需求量级，由此洞察出 6 月 18 日是消费购物节，企业如果能够抓住此营销节点进行营销，将会在 6 月完成业绩目标；其次看竞争对手，管理者通过看标杆企业 4 月和 5 月业绩目标，发现其月业绩目标最高为 3 亿元。

管理者通过"己"——向内看，对企业内部资源进行盘点。管理者通过意向客户盘点，发现团队在 4 月和 5 月虽然没有完成业绩目标，但储备了大量意向客户。这些意向客户有可能在 6 月集中成交，补齐 4 月和 5 月没有达成的业绩目标。管理者通过对组织能力进行盘点，发现团队业务员与管理者配置较为齐全，成熟人员多，可以实现业绩突破，支撑团队完成 6 月基础目标和挑战目标。

基于"彼""己"制定目标法，管理者对 6 月基础目标进行动态调整，调整后的 A 企业 6 月目标为：

- 基础目标：成交 750 单；
- 挑战目标：成交 1 000 单；
- 非业绩目标：优化销售业务流程，通过"618 战役"沉淀销售经验，提升每个环节的转化率；招聘 30 个相对成熟的销售人员；针对客户获取和成交设立培训与分享演练机制；营造打胜仗的团队文化，将战役沉淀为常态化的业务机制。

最终，A 企业在我们的帮助下，通过"天""地""彼""己"制定出了一个好目标，而且因为有非业绩目标在销售流程、机制和人员方面提供保障，最终打赢了一场胜仗，在 6 月成交 1 000 单，超额完成目标。

到此为止，"天""地""彼""己"制定目标法的内容已经全部讲完。读到这里的各位读者，请你合上书，试着温故而知新，运用"天""地""彼""己"制定目标法制定团队的月基础目标、月挑战目标和非业绩目标。

管理者需要注意的一个问题是，在制定出三大目标后，如果因为各种原因没有完成目标，是否需要修改目标？答案是：不修改，只调整。管理者要将目标刻在钢板上，将计划写在沙滩上。

"目标刻在钢板上"意味着管理者要对目标笃定，以锲而不舍的精神执行目标。管理者在带领团队达成目标的过程中，选择的态度是锁定目标→解决困难→勇于挑战高目标，还是遇到困难就退缩→调整目标→达成低目标?

态度决定一切。面对困难选择迎难而上的人,最终会把困难踩在脚下,使困难成为实现目标的垫脚石;而面对困难选择逃避的人,最终会被困难打败,离目标越来越远。

"计划写在沙滩上"是指管理者可以在大目标不变的前提下根据情况的变化来调整计划。管理者一定要避免团队出现"不能达成就降目标"的思维习惯,这会极大影响团队成员的目标感,扰乱团队成员的结果思维。制定目标就像打仗,要先胜而后战。

目标制定工具

表 1-11 意向客户盘点表（大客户类）

意向客户盘点表												
本月开发数量目标	客户名称	客户类型	行业	渠道来源	基本情况描述				当前跟进状态	关键卡点	痒点	策略	预计成交时间	资源支持
					行业认可度	资源匹配度	资金实力	团队实力						

表 1-12 老客户盘点表（渠道类）

已合作客户盘点表													
序号	地点	客户名称	客户分类	客户规模	2022年采购金额	2023年预估采购金额	现阶段采购金额	客户业务类型	需求	卡点	关键人			成交/培养策略（客情关系/优惠/利益绑定/其他政策）
											姓名	职位	需求	其他重要信息	

目标制定练习

一、请你制定团队下个月的目标,将月基础目标、月挑战目标和非业绩目标写下来。
二、请你详细写下制定目标的逻辑,尽量用可量化的数据而不是主观描述。
三、请你制定符合企业业务模式的盘点表,比如意向客户盘点表、老客户盘点表、意向渠道盘点表等。

分解目标：千斤重担万人挑，人人肩上有指标

管理者定目标的第二部曲是分解目标。

在管理者制定出一个好目标后，为了保障团队目标能顺利实现，管理者需要对目标进行分解，使每个团队成员都有清晰可执行的目标实现路径。

刘备在三顾茅庐之前立下了匡扶汉室、"申大义于天下"的目标，其目标远大，是一个好目标。但当时刘备徒有雄心壮志，没有具体明确的实现路径，以致在很长一段时间里被曹操打得落花流水。幸运的是，刘备遇上了诸葛亮。在刘备与诸葛亮就匡扶汉室这一目标达成共识后，诸葛亮将这一宏伟目标分解成三个阶段性目标：第一步，占荆州；第二步，抢益州；第三步，逐鹿中原。此时，匡扶汉室的目标不再虚无缥缈，而是变成了一个个清晰明确的子目标。

在此之后的七年多时间里，刘备按照分解后的目标，先后拿下了荆州、江南四郡和益州，从当初没人、没钱的"草台班子"成长为和曹操、孙权三分天下的"大企业"。虽然后来刘备因为种种原因违背了诸葛亮拆解的目标，兵败夷陵后病死于

白帝城，最终没有实现帝业，但诸葛亮目标分解的思路是正确的。

现在，请身为管理者的你思考：你是如何分解目标的？

我们在服务企业的过程中发现，很多管理者在分解目标时采用的是对总目标进行平均分配的分解方法。比如，企业某一个区域的年度业绩目标是1 000万元，企业高层管理者把这一目标平均分配给区域内的10个城市经理，每个城市经理的年度业绩目标是100万元；城市经理把100万元的年度业绩目标平均分给团队中的10个销售人员，每个销售人员的年度业绩目标是10万元。

如果你是这样分解目标的，那么请你立刻停下来，因为这种方法是错误的。试想一下，只有冰冷的数字，没有可操作的目标达成策略，这样的目标就如同悬在每个团队成员头顶上的利剑，只会让人有压力而无动力。

为什么会出现这样的情况？因为管理者缺乏分解目标的能力。管理者只有正确分解目标，才能带领团队达成目标，拿到结果。目标分解的结果应该是：千斤重担万人挑，人人肩上有指标。管理者如何正确地分解目标呢？

我把分解目标的方法论总结为"十六字方针"，即目标拆分，策略支撑；目标拆解，措施保障。分解目标的"十六字方针"有具体的方法和步骤，图1-13为目标分解方法论全景图，管理者可以以此为参考。

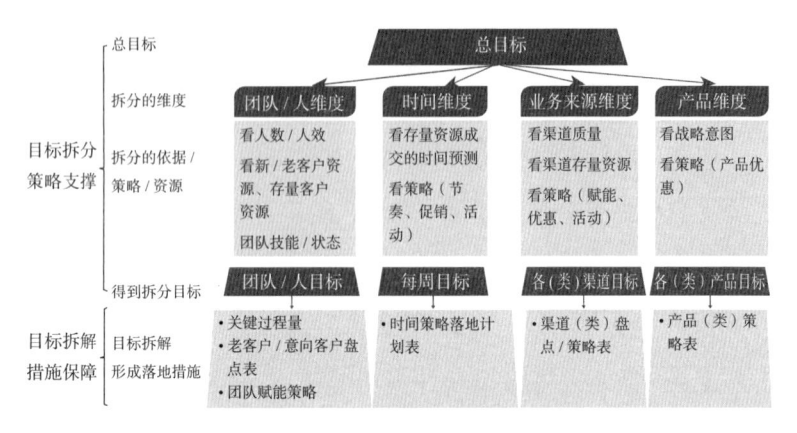

```
                            ┌─总目标─┐
                            │ 总目标 │
                            └────────┘
         ┌─拆分的维度─┬──────┬──────┬──────┐
         │ 团队/人维度 │时间维度│业务来源维度│产品维度│
目标拆分/ ├─拆分的依据/├──────┼──────┼──────┤
策略支撑  │ 策略/资源  │看人数/人效│看存量资源成│看渠道质量│看战略意图│
         │           │看新/老客户资│交的时间预测│看渠道存量资│看策略(产品优│
         │           │源、存量客户│看策略(节│源     │惠)    │
         │           │资源      │奏、促销、活│看策略(赋能、│      │
         │           │团队技能/状│动)      │优惠、活动) │      │
         │           │态       │         │        │      │
         ├─得到拆分目标┼──────┼──────┼──────┤
         │           │团队/人目标│每周目标 │各(类)渠道目标│各(类)产品目标│
目标拆解  ├─目标拆解/──┼──────┼──────┼──────┤
措施保障  │形成落地措施│•关键过程量│•时间策略落地计│•渠道(类)盘│•产品(类)策│
         │           │•老客户/意向客户│划表      │点/策略表  │略表    │
         │           │盘点表     │         │        │      │
         │           │•团队赋能策略│        │        │      │
         └──────────┴──────┴──────┴──────┘
```

图 1-13 目标分解方法论全景图

目标拆分，策略支撑

管理者分解目标的第一个动作：目标拆分。

什么是目标拆分？比如，某企业的年度业绩目标是 1 200 万元，按照时间维度拆分目标，每个月的业绩目标是 100 万元；按照企业各区域拆分目标，浙江、广东、上海、北京 4 个区域每个区域的业绩目标是 300 万元。这就是目标拆分。

管理者在做目标拆分时，要做好"三定"。

定总目标：择高而立

管理者拆分目标的第一定是"定总目标"。

管理者定好月基础目标、月挑战目标和非业绩目标这三大目标之后，要以哪一个目标为总目标进行拆分呢？见表 1-13。

表 1-13　某企业制定三大目标示意

月基础目标	月挑战目标	非业绩目标
成交 750 单	成交 1 000 单	营造打胜仗的团队氛围，良性的竞争文化 提升品牌知名度，吸引优秀人才 优化内部业务流程、管理流程、支撑流程体系 赋能一线，为组织重组夯实基础

"求其上，得其中；求其中，得其下；求其下，必败。"一个人制定了一个高远的目标，最后有可能只达到中等水平；而一个人如果制定了一个中等的目标，最后有可能只达到低等水平。所以，管理者在确定总目标时，要以月挑战目标为总目标。以表 1-13 为例，管理者要选择月挑战目标"成交 1 000 单"为总目标，并对这一目标进行拆分。

伟大的企业，因目标而伟大。确定总目标时提高标准，可以让管理者站得高，看得远，拥有开阔的格局和视野。古人云："不谋万世者，不足谋一时；不谋全局者，不足谋一域。"管理者只有选择高远的目标，才能激励团队成员不畏艰难险阻，向着既定目标奋勇前行。

定维度：4W 拆分法

管理者拆分目标的第二定是"定拆分维度"。

确定总目标后，管理者要把总目标按不同的维度自上而下拆分。我推荐管理者使用 4W 拆分法。4W 拆分法是指将目标按照 when（时间）、where（地点/渠道）、who（团队/人）、what（事件/产品）四个维度拆分，如图 1-14 所示。

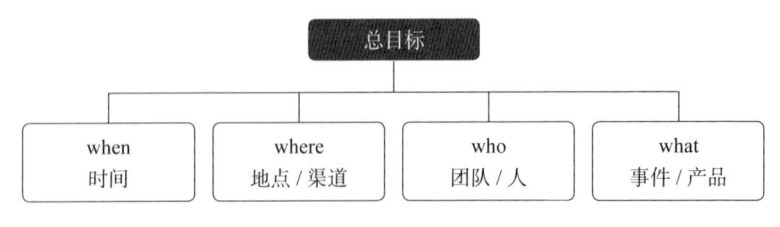

```
         ┌─────────┐
         │  总目标  │
         └────┬────┘
   ┌──────┬───┴───┬──────┐
┌──┴──┐ ┌─┴──┐ ┌──┴──┐ ┌─┴───┐
│when │ │where│ │ who │ │what │
│时间 │ │地点/│ │团队/│ │事件/│
│     │ │渠道 │ │ 人  │ │产品 │
└─────┘ └─────┘ └─────┘ └─────┘
```

图 1-14　目标 4W 拆分法

when：按时间拆分目标。这是最常见的拆分维度，比如，管理者可以按照时间将目标分为年度目标、季度目标、月目标、周目标、日目标。按时间维度拆分目标还包括按照节奏周期拆分，比如分为预热期目标、高潮期目标、续售期目标等。

where：按地点/渠道拆分目标。管理者可以按照地点将目标分为南方区域目标、北方区域目标、省级目标、市级目标等；也可以按照渠道将目标拆分为线上营销目标、线下营销目标等。

who：按团队/人拆分目标。管理者要将目标落实到团队和团队成员身上，不同团队、不同岗位的员工承担的目标不同。

what：按事件/产品拆分目标。比如，电商平台组织"双十一"促销活动，管理者可以根据不同的侧重点拆分为主会场目标、分会场目标、预售目标等。

以上四种拆分维度是企业中比较常见的目标拆分方式。除此之外，不同的业务形态也有其他维度的目标拆分方式。表 1-14 所示为目标拆分维度、拆分举例及适用业务类型，管理者可以根据企业的业务形态，选择适合的维度进行目标拆分。

表 1-14 目标拆分维度、拆分举例及适用业务类型

月目标拆分	拆分维度	拆分举例	适用业务类型
总目标	按团队/人	1. 浙江大区 杭州+绍兴+宁波+舟山 2. 小团队 小张+小王+小李+小罗	所有团队均适用： 千斤重担万人挑，人人肩上有指标。
	按时间	1. 平日 第1周+第2周+第3周+第4周 2. 战役时 1阶段+2阶段……+6阶段	所有团队均适用： 1. 针对普通消费者，低客单价，短成交周期类业务，可以把目标拆分到每日； 2. 针对企业、政府，高客单价，长成交周期类业务，可以把目标拆分到每周。
	按业绩来源	1. 渠道业务 渠道1+渠道2+渠道3 2. 渠道业务 1类渠道+2类渠道+3类渠道	渠道类业务适用： 1. 渠道少、量级大，可以拆分至每个渠道； 2. 渠道多、量级小，可以将渠道分类，业绩拆分至每类渠道上。
		3. 业绩来源 新客户+老客户（复购/续费） 4. 业绩来源 抖音+线下门店+淘宝店	多数业务均适用： 不同类型客户、不同的销售渠道场景，一般需要不同的策略和过程。明晰预测业绩的来源，有助于明晰策略资源分配和团队精力专注领域。
	按产品	1. 产品 产品1+产品2+产品3 2. 产品 主营产品+其他产品	部分业务适用： 1. 若事业部内有多种产品，但是画像均为一大类客户，可不拆分产品； 2. 若有主打/战略产品，或想要通过某类产品实现某项战略意图（如低价走量迅速占领市场），需要按产品拆分，并匹配支撑策略。

定策略：将帅无能，累死三军

管理者拆分目标的第三定是"定策略"。无论管理者从哪种维度进行目标拆分，都要有策略的支撑。没有策略支撑的目标，相当于在空转。

下面，我从团队或个人维度拆分目标，展示如何定策略。

管理者按照团队或个人维度拆分目标前，要先对团队成员的能力和团队资源进行盘点。管理者如果以团队维度拆分目标，在进行能力和资源盘点时，要看团队人数、人效和客户资源，具体包括以下三问。

- 团队成员人数有多少？人效如何？同期、环比业绩额是多少？
- 团队一共有多少个存量客户？本月预计续费/复购/转介绍情况如何？
- 团队负责的市场容量有多大？市场处于高速增长期还是增长放缓期？本月预计能完成多少业绩？

管理者如果以个人维度拆分目标，在进行能力和资源盘点时，要重点关注每个团队成员的存量客户、个人技能、个人状态，具体包括以下两问。

- 某个员工跟进中的A级意向客户有多少个阶段？本月预计能带来多少成交业绩？

- 某个阶段员工的能力、状态如何？预测转化率是多少？管理者本月要如何为员工赋能？

管理者在进行目标拆分时，对团队成员的能力和资源进行盘点的目的是确保"千斤重担万人挑，人人肩上有指标"。需要注意的是，"人人肩上有指标"不是目标平均分配。管理者要清晰团队里的"271"。

什么是"271"？"271"是绩效考核结果输出的一种方式，管理者根据以往员工绩效考核得分对全体员工进行排序。

- 排在前20%的员工，通常每个月都能达成基础目标，也会全力以赴地完成挑战目标。管理者在进行目标拆分时，要把总目标的60%~80%拆分给这些员工，并帮助这些员工达成目标甚至超额达成目标。
- 排名在中间的70%员工，通常每个月能达成基础目标，却很少能突破挑战目标。管理者在进行目标拆分时，要把总目标的30%~40%拆分给这些员工，并通过辅导，帮助这些员工达成目标。
- 排在后10%的员工，通常每个月无法达成基础目标。管理者在进行目标拆分时，要把总目标的5%~10%拆分给这些员工，并通过重点辅导，帮助这些员工达成目标。

以上是按照团队或个人维度拆分目标定策略的方法，按其他维度拆分目标定策略的方法大同小异，具体的策略见表1-15。

表1-15 不同维度拆分目标的策略思考

拆分维度	拆分举例	拆分依据
按团队/人	1. 浙江大区 杭州+绍兴+宁波+舟山 2. 小团队 小张+小王+小李+小罗	1. 大区拆分：看区域人数与人效，看区域的客户总量资产（新客户的市场总量、老客户的量级）； 2. 团队拆分：看每个团队成员的存量客户盘点、技能、状态； 3. 看团队赋能策略（培训、招聘、一帮一、协同模式，甚至加班）。
按时间	1. 平日 第1周+第2周+第3周+第4周 2. 战役时 1阶段+2阶段……+6阶段	1. 看存量资源成交的时间预测； 2. 看时间策略（节奏、促销、活动、沙龙、节日）。
按业绩来源	1. 渠道业务 渠道1+渠道2+渠道3 2. 渠道业务 1类渠道+2类渠道+3类渠道 3. 业绩来源 新客户+老客户（复购/续费） 4. 业绩来源 抖音+线下门店+淘宝店	1. 看渠道质量（业务员人数、区域、市场容量、客情）； 2. 看渠道存量资源（储备的意向客户数）； 3. 看渠道策略（渠道赋能、培训、市场活动支持、优惠支持、客情）。 1. 看不同销售场景的战略匹配/重要度； 2. 看不同销售场景的转化率和客户满意度； 3. 看老客户和意向客户盘点情况，剩余业绩需要新客户补充； 4. 看不同销售场景的优化策略（预算、大咖站台、优惠政策、贴息、账期、页面优化）。
按产品	1. 产品 产品1+产品2+产品3 2. 产品 主营产品+其他产品	1. 看战略意图，看有没有战略级产品； 2. 看产品策略（某类产品的优惠、产能支持、产品包装、产品升级等）。

将帅无能,累死三军。管理者在拆分目标时,定策略的目的是保障团队目标达成,策略质量决定团队目标的达成率。在这里,我向大家推荐提升策略质量的四个举措。

- 向过往学习:学习团队在过往实战中沉淀的成功经验。
- 向行业标杆学习:学习标杆企业的成功经验,他山之石,可以攻玉。
- 向行业专家学习:学习行业内专家在产品、服务、市场、业务模式等领域的创新成果。
- 向未来学习:与时俱进,紧跟客户需求,精准预测满足客户价值和客户体验的关键点。

制定正确的策略需要管理者有丰富的实战经验,没有捷径可走。管理者要在学中做,做中学,修炼内功,不断提高管理能力,只有这样才能提升策略的质量,让策略支撑团队达成目标。

总结一下,管理者在拆分目标时要做到"三定",即定总目标、定拆分维度、定策略,最后形成月目标拆分表,如表1-16所示。拆分目标的核心是策略支撑,没有策略支撑的目标拆分,哪怕拆分得再细也是在做无用功。

表 1-16　月目标拆分表

×月目标	总目标：×××元			
	存量（已达成意向）：×××元		增量（新增意向）：×××元	
	产品1	产品2	产品1	产品2
	×××元	×××元	×××元	×××元
	存量目标达成策略		增量目标达成策略	

目标拆分	周次	本周业绩	存量成交目标		增量成交目标	
			产品1	产品2	产品1	产品2
	第1周					
	第2周					
	第3周					
	第4周					

目标拆解，措施保障

管理者分解目标的第二个动作：目标拆解。在做这一动作之前，管理者要明确拆分与拆解的区别。

很多管理者在分解目标时，只进行了拆分，没有进行拆解。比如前面提到的"目标三定"只是在进行目标拆分。拆分是指将目标分成两部分或更多部分，比如把目标按人分、按产品分、按渠道分、按团队分等。管理者将1 000万元的销售业绩目标拆分给团队成员后，还要还原出达成1 000万元目标的流程和动作。比如，根据客单价和团队成员的能力，拆解出每个团队成员要成交多少个客户；根据历史转化率，拆解出每个团队成员需要找到多少个意向客户，需要拜访多少个客户，需要找到多少客户信息……管理者要一步一步地将1 000万元的目标拆解成细化动作，使团队成员清楚地知道每日、每周、每月具体做什么，才能帮助团队完成目标。这就是目标拆解。

拆分和拆解，一字之差，但动作迥然不同。目标拆解能力的背后，有一个非常重要的量化过程。目标拆解的关键是从业绩数字量化到过程指标（业务动作）和技能水平（转化率）。

管理者要做好目标拆解这一动作，需掌握"4321法"，如表1-17所示。

表1-17 目标拆解"4321法"

4个指标	3个步骤	2个思考	1个原则
数量指标 质量指标 成本指标 时间指标	量化 细化 流程化	结果 行动	措施保障

4个指标：数量、质量、成本、时间

管理者拆解目标时要注意4个指标，分别是数量指标、质量指标、成本指标、时间指标。这4个指标既是管理者拆解目标的标尺，也是衡量团队成员目标完成情况的指标，贯穿于拿结果的全过程，缺一不可。

一是数量指标。包括完成工作项目的数量、产量、次数、频率、销售额、利润率、客户成交数、上门拜访量等可以量化的指标。

二是质量指标。包括产品合格率、客户满意度、达标率、投诉率、转化率等。

三是成本指标。包括投资回报率、折旧率、费用控制率、客户回款率等。

四是时间指标。包括完成目标所用的天数、推出新产品的周期、服务客户的时间等。

对于可定量的目标，管理者可以多从数量指标、成本指标的角度来量化，比如招聘人员的数量、检查次数等；对于可定性的目标，管理者要多从质量指标、时间指标的角度来量化，比如客户满意度、客户投诉率等。

3个步骤：量化、细化、流程化

管理者在拆解目标时，主要有3个步骤：量化、细化、流程化。能量化的要量化，不能量化的要细化，不能细化的要流程化。

一是能量化的要量化。管理者要盘点团队中哪些工作可以量化，只要能量化的就要量化。比如，招聘多少人员、培训时间、培训次数、参加会议的次数等，就是可以量化的指标。对于一些无法直观量化的、抽象的工作，比如提高产品质量、提振团队士气等，管理者可以按照前面提到的数量指标、质量指标、成本指标和时间指标对目标进行转化，使模糊的目标变得清晰。

二是不能量化的要细化。业务岗位的工作比较容易量化，但有些岗位的工作是很难量化的，比如工作内容烦琐、零碎的行政岗、内勤岗等。管理者面对无法量化目标的工作岗位时，可以细化目标，梳理出岗位的关键职责和关键节点，从细节处把握目标执行进度。

三是不能细化的要流程化。对于工作内容比较单一的岗位，比如会计、培训专员岗位等，量化和细化很难准确衡量其工作价值，管理者可以采用流程化的方式进行管理。首先，管理者要梳理业务流程，形成业务漏斗，确定关键环节；其次，确定关键环节的转化率；最后，确定每周、每日的关键过程量。

举例，某销售团队中小张的月基础目标是拿到1万元提成，基于这个目标，管理者要帮助小张进行目标拆解，梳理业务流程：小张要拿到1万元提成→4月要实现20万元新签业务→至少有4个客户的成交单价达到5万元→至少有12个A类客户→4月要上门拜访120个客户→4月要拨打1 200个客户电话→每天要拨打40个客户电话，上门拜访4个客户。管理者要把梳理出的业务流程形成业务漏斗，确定关键环节，如图1-15所示。

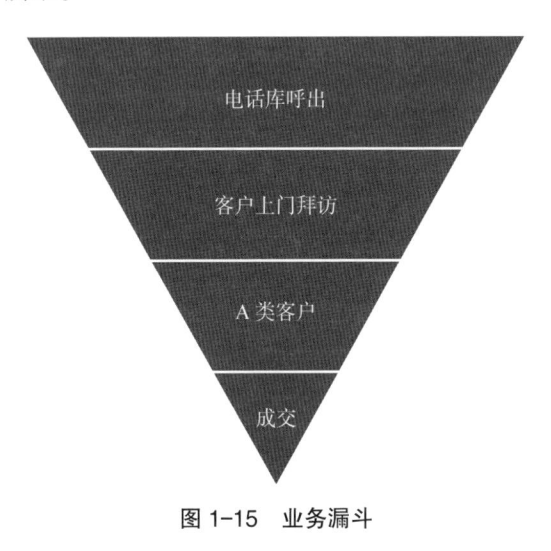

图1-15 业务漏斗

管理者梳理出业务流程，确定关键环节后，要计算出图1-15所示业务漏斗中关键环节的转化率，分别为成功拜访率 10%、A 类客户意向率 10%、成交率 33%。然后由结果倒推出关键过程量，分别对应 4 个目标：4 月拨打 1 200 个客户电话，4 月上门拜访 120 个客户，4 月完成 12 个 A 类客户的成交，4 月 4 个客户的成交单价达到 5 万元。

最后，管理者要确定小张 4 月每周、每日的关键过程量，量化周、日目标——4 月每天拨打 40 个客户电话，每天上门拜访 4 位客户；每周完成 3 个 A 类客户和 1 个其他类型客户的成交。

2 个思考：结果和行动

对于非业绩目标，比如以人为本、加大管理力度、加强企业文化建设等，这些目标由于没有清晰的表述，往往会使管理者一头雾水，在拆解目标时不知从何下手。我推荐使用"两个思考法"。

- 思考结果：实现目标后会带来怎样的结果？
- 思考行动：采取哪些行动能够实现目标？

很多管理者会将"加大管理力度"制定为非业绩目标，但在拆解目标时发现无从下手。这时，我们可以采用"两个思考法"来进行拆解。

管理者先思考结果。"加大管理力度"的目标实现后的结果是使团队成员工作效率提高，使团队更加有凝聚力和战斗力，使企业的管理更加有效。管理者接着思考行动，思考为了达到目标应该怎么行动。首先，管理者要加强与员工的沟通，增加沟通次数；其次，管理者可以通过增加开会的频次，从制度上加以保障；最后，管理者可以引入先进的管理考核机制和工具，使管理事半功倍。这样一来，管理者通过"两个思考法"使"加大管理力度"这个非业绩目标不再是一句轻飘飘的口号。

拆解"加强企业文化建设"这一非业绩目标也是同样如此。首先，管理者要思考"加强企业文化建设"会带来怎样的结果。文化是一家企业的软实力，"加强企业文化建设"带来的结果是企业的价值观和使命愿景更加明确，员工了解企业文化，进而认可企业文化。上下同心，上下同欲，企业就会战无不胜。此外，因为员工高度认可这家企业的文化，受企业文化的熏陶，企业的离职率也会大幅降低。

其次，管理者要从行动方面思考如何"加强企业文化建设"。文化建设的载体一般包括企业内刊、团建活动、培训等。管理者明确采取哪种行动后，也就有了衡量的指标。以发行企业内刊加强文化建设为例，内刊发行的时间、内容、频次等就是可以量化的目标。

1 个原则：措施保障

措施保障是管理者拆解目标的最根本原则，也是检查目标的原则。

管理者拆解目标的核心是将拆分的依据具象为具体的过程量和业务措施。这里，我推荐管理者使用目标的措施保障工具——甘特图，如图 1-16，管理者可以把措施保障体现在甘特图里。

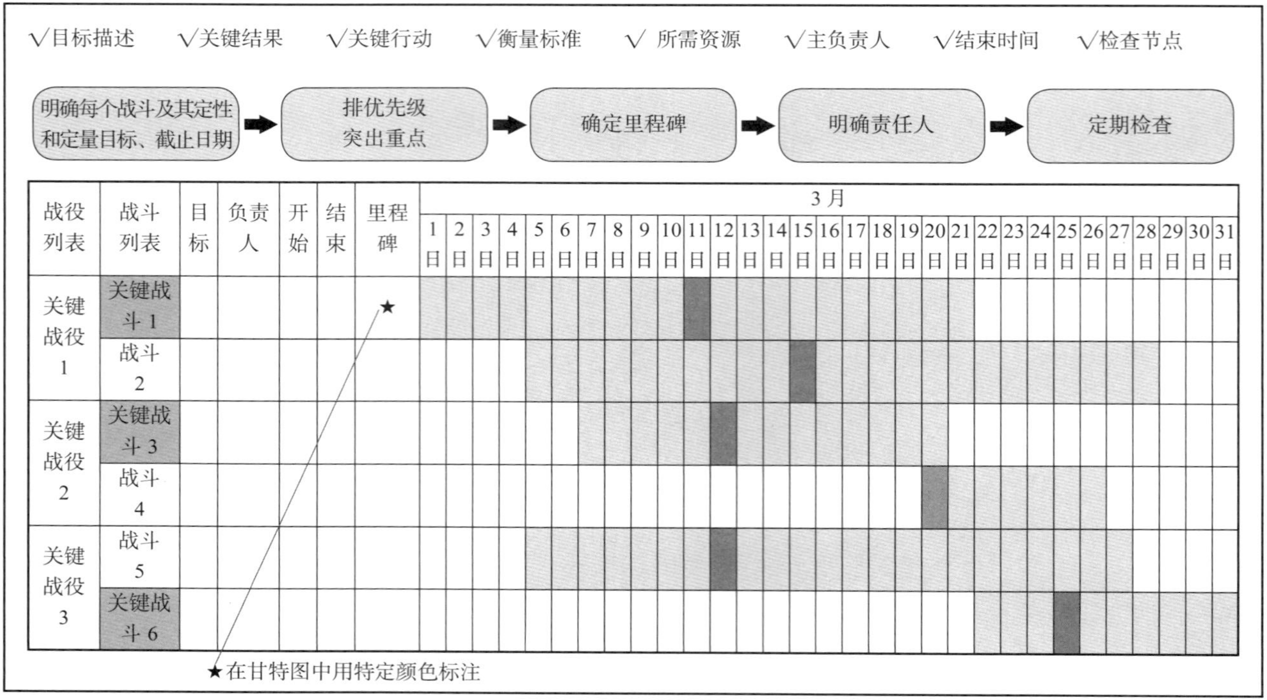
√目标描述
√关键结果
√关键行动
√衡量标准
√ 所需资源
√主负责人
√结束时间
√检查节点
明确每个战斗及其定性和定量目标、截止日期
排优先级 突出重点
确定里程碑
明确责任人
定期检查
战役列表
战斗列表
目标
负责人
开始
结束
里程碑
3月
1日 2日 3日 4日 5日 6日 7日 8日 9日 10日 11日 12日 13日 14日 15日 16日 17日 18日 19日 20日 21日 22日 23日 24日 25日 26日 27日 28日 29日 30日 31日
关键战役1
关键战斗1
战斗2
关键战役2
关键战斗3
战斗4
关键战役3
战斗5
关键战斗6
★
★在甘特图中用特定颜色标注

图 1-16　甘特图

下面我以服务过的企业为例来分享如何对目标进行措施保障。

2023 年，我在服务某家企业时发现，其月初目标制定得很好，目标拆分也很细致，但到了月底目标并没有完成。经过分析，我发现该企业的目标拆解出了问题——没有详细的落地措施保障。比如，每场营销活动的业绩是多少？每场活动要邀请多少个客户？每场活动的细节是什么……没有措施保障的目标拆解，就是无效的目标拆解。后来，在我的建议与辅导下，该企业对原来的活动目标拆解图进行了优化，把活动分为"展会前""展会中""展会后"，并加入了关键动作，如表 1-18 所示。在有措施保障的原则下，该企业在三个月后达成了原定目标。

表 1-18 某企业优化后的活动目标拆解示意

展会阶段	工作模块	负责人	参与人	关键动作	1日	2日	3日	4日	5日	6日	7日	8日	9日	10日	11日	12日
展会前	工厂汇报展会时间			厂家系统汇报			■									
				确定时间					■							
	物料准备			礼品赠送				■								
	确认场地			场地沟通洽谈												
				确认放映条件												
	客户预约			客户电话沟通												
				上门邀约和确认												
				客户介绍		■	■	■	■							
展会中	展会签到			场地布置												
				客户接待								■				
	产品讲解			准备讲解材料									■			
	客户洽谈			客户产品沟通确认												

（续表）

展会阶段	工作模块	负责人	参与人	关键动作	日期											
					1日	2日	3日	4日	5日	6日	7日	8日	9日	10日	11日	12日
展会后	展会结果汇报			展会确认意向								■	■			
				意向订金整理										▨	▨	▨
	确认购车条件			商务政策沟通										▨	▨	▨
	交车			产品交付										▨	▨	▨
	复盘			展会过程及回顾										▨	▨	▨

拆解目标的方法论到此已经全部分享完毕。天下难事，必作于易；天下大事，必作于细。管理者要谨记，目标拆解的核心不是将目标分解具体化，而是将实现目标的措施具体化。管理者首先要把总目标拆分成每个团队成员的具体目标，其次把每个团队成员的具体目标拆解成具体的措施，做到目标自上而下层层分解，措施自下而上层层保障。

优秀的管理者在拆解目标时，会花大量的时间和精力与每个团队成员讨论实现目标的措施，只有措施清晰，目标拆解才能做到位。

《孙子兵法》里说："胜兵先胜而求战，败兵先战而后求胜。"会打仗的将领，不是通过实际交战取得胜利，而是在交战之前就已经胜利了，因为会打仗的将领在交战之前，已经将胜利的条件、获胜的资源、取胜的优势牢牢掌握在自己的手里，做到稳操胜券，先胜后战。拆解目标也是如此，管理者在拆解目标时要想清楚、写清楚、讲清楚、干清楚。管理者带领团队达成目标，拿到结果，往往有两次胜利：

- 心胜，胜在定目标；
- 结果胜，胜在抓过程。

目标分解工具

表 1-19 售前盘点表（针对企业、普通消费者类业务适用）

售前盘点表														
序号	客户分类	企业名称	项目名称	地址	联系人	职位（决策链位置）	联系人电话	客情等级	需求	痛点	产品	报价金额	项目卡点	解决方案	所需支持

目标分解练习

请你制定团队下个月的月目标。
要求：
（1）基于业务实际情况，将目标进行多维度拆分；
（2）明确写出每个维度下支撑的策略是什么；
（3）将目标拆解为过程量。

共信目标：因为相信，所以看见

管理者定目标的第三部曲是共信目标。

在定目标这一阶段，管理者除了制定出好目标，对目标进行分解，还要将制定的目标与团队成员共信。

为什么不是共识目标，而是共信目标？

共识目标是指管理者通过沟通，让所有团队成员就目标以及实现目标的方法达成一致。当个人与组织、个人与个人之间出现"路径选择差异"的时候，我们就可以将"目标共识"作为解决一切矛盾的基本准则，也就是所谓的君子和而不同。

共信目标是指管理者在共识目标的基础上，让团队成员相信目标能够达成，继而通过大家共同奋斗来见证目标达成。共信目标比共识目标层次更高。阿里巴巴有句话广为流传："因为相信，所以看见。"眼见为实，大部分人的认知或理解是因为看见而相信，只有少数人是因为相信而看见。管理者要通过向下沟通让团队成员先相信后看见。

共信目标有四重境界。

第一重境界：表面相信，内心也相信。这是最理想的共信目标状态。管理者把目标共信做到这一境界，就会使团队成员相信三件事：相信自己能达成目标，相信团队成员会协助自己达成目标，相信市场是美好的。

第二重境界：表面不相信，内心基本相信。团队成员对目标提出异议，表面看起来不相信管理者或组织提出的目标。事实上，团队成员内心想更好地达成目标，提出了自己的想法，内心对目标是基本相信的。

第三重境界：表面相信，内心不相信。管理者在向下传达目标时，团队成员口头表示"相信""同意"，但内心并没有真正对目标达成共信，是一种"伪共信"。"伪共信"在企业里很常见，且破坏力很强。因为"伪共信"意味着团队成员没有理解目标背后的意图，没有清晰地审视目标落地过程中可能出现的障碍，最后往往拿不到结果。

第四重境界：表面不相信，内心不相信。这是目标共信的最低境界，团队成员表面和内心都不相信管理者或组织提出的目标。有的团队甚至会出现强压目标或强行签"军令状"的场景。

以上是共信目标的四重境界，管理者可以自行检测一下：你所在团队的共信目标处在哪一重境界？

管理始于制定目标，成于共信目标。而基于共信目标的管理，是个人与组织有所成就的最佳途径。做到共信目标的组织是团队，没有做到共信目标的组织是团伙。你所带领的队伍是团队还是团伙？管理者可以通过表 1-20 进行评估。

表 1-20　团队效能矩阵表

	乌合之众	团伙	团队	组织
团队示例	抓丁入伍	草莽流寇	正规军队	主义卫士
氛围	一团和气	隐藏自我	坦诚简单	和而不同
关系	相互戒备	手拉手	背靠背	心连心
目标	各自为政	短期利益	长期主义	使命驱动
流程	无	不明或不畅	清晰 运转良好	灵动
协作	分工不明 相互掣肘	无意义冲突 少协作多推诿	良性冲突 高效协作	无边界协同 归因于内
战力	等于甚至低于 团队下限	忽上忽下	倍数于个体	指数于个体
结果	无视结果	一击即溃	迎难而上	持续精进
底层	我	你我	我们	无我

团队效能矩阵表将团队分为四种类型：乌合之众、团伙、团队和组织。以国民党时期的武装力量为例，抓丁入伍、随机组成的武装力量就是乌合之众，成员之间相互戒备，各自为政，这样的团队无视结果；草莽流寇就是团伙，成员之间是"手拉手"的关系，为了短期利益牺牲团队长期目标，这样的团队一击即溃；正规军队就是团队，成员之间是"背靠背"的关系，彼此完全信任，敢于把后背交给对方，这样的团队奉行长期主义，为了达成团队目标会携手迎难而上，拿到结果；主义卫士就是组织，成员间的关系是"心连心"，这样的组织和而不同，依靠使命驱动达成目标，即使拿到结果也会持续精进。

团队和团伙的根本区别在于目标的共信程度：没有共信目

标的是团伙，成员之间是因利而聚、无利而散的短期合作，成员均是冲着利益而来，只要有利用的价值，就可纠集在一起；能够共信目标的是团队，团队成员聚在一起是因为有共同的目标，团队力出一孔，对准一个城墙口持续冲锋，直到达成目标，拿到结果。

作为管理者，在定目标时，一定要把目标共信给团队成员。一个没有把目标共信给团队成员的管理者，很难使团队成员产生凝聚力和战斗力。

共信目标离不开沟通。沟通看似是一个简单的行为，实则是一个复杂的认知过程。管理者如何使团队成员共信目标，做到"因为相信，所以看见"，团队上下同频共振，力出一孔？

这里我分享一个清晰明确的方法，简称"目标三共"，如图1-17所示。在这个方法里，管理者要与上级、平级和下属共信目标。

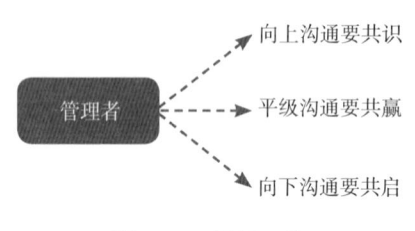

图 1-17　目标三共

向上沟通要共识

管理者要沟通的第一个角色是上级或企业的经营者。向上沟通的核心是基于对目标的共识。

对所有管理者而言，和上级达成目标共识很重要。沟通成本是组织里最大的成本，沟通不到位，努力全白费。管理者在向上沟通时，和上级或企业经营者达成共识是关键。

角色定位：辅助者 + 执行者

要想做好向上沟通、共识目标，管理者要进行角色认知上的转变。角色是一种有意识的选择，面对特定的问题，人们选择了某个角色，就会产生对应的想法和行动。当管理者与上级共识目标时，其要从单纯的执行者转变为辅助者——"我"首先是辅助者，其次才是执行者。

需要注意的是，这两个角色的顺序不能改变。企业中最常见的一种现象是：管理者认为自己只是上级或企业经营者的决策的执行者，目标是上级或企业经营者的，不是自己的。这是一种典型的"打工者心态"，是管理者向上沟通时的思维禁区。

彼得·德鲁克认为："工作要想卓有成效，下属能发现并发挥上司的作用是关键。"德鲁克的话道出了向上沟通的精髓——目标不是上级的，而是"我们"共同的。管理者要辅助上级，共同达成目标，上级任何关于目标的决策、策略都需要得到管理者的支持和认可。

向上三点共识法：共识目标、共识价值、共识荣誉

管理者向上沟通，与上级共识时，要共识什么？管理者与上级共识的内容有三点，我总结为"向上三点共识法"。

一是共识目标。其包括基础目标、挑战目标和非业绩目标。除此之外，如果目标已经有了策略的支撑，管理者还要与上级共识策略。

二是共识价值。其包括目标背后的价值和意图。管理者要正确理解目标的来源、客户价值、战略意图、整体规划、结果背后的结果等。

三是共识荣誉。其包括目标达成后，团队成员能获得什么奖励和荣誉。《卓有成效的管理者》一书提到："要使上司能发挥其所长，不能靠唯命是从，应该从正确的事情着手，并以上司能够接受的方式向其提出建议。"管理者要把目标达成后的荣誉提前落实，要在上级决策前充分发表意见，给出自己的判断，而非等待上级的判断。

共识场景：1 on 1 沟通

管理者与上级共识目标的重要场景是"1 on 1 沟通"。"1 on 1 沟通"指的是管理者与上级就目标进行一对一、面对面、即时地沟通交流。

很多大企业设立了"1 on 1 沟通"机制。以雅虎日本为例，尽管企业员工众多，但上级每两周会与90%的员工进行"1 on 1 沟通"。为了使"1 on 1 沟通"更有成效，雅虎日本还针对经理职级以上的员工开设了"如何进行 1 on 1 沟通"的培训课程。雅虎日本认为"1 on 1 沟通"是向上沟通的绝佳途径，能更好地共识目标。

为什么要进行"1 on 1 沟通"？我举两个例子来证明"1 on 1 沟通"的重要性。

案例一：管理者 A 带领团队成员在三个月内完成了目标，成本为 20 万元。在执行目标的过程中，管理者 A 自我感觉不错，没有与上级就目标进行沟通，而是按照自己的节奏完成目标。但最后上级认为管理者 A 虽然达成了业绩目标，但成本超出了预算，因此对他的管理能力不是很满意。

案例二：管理者 B 在明确目标后，通过与上级进行一对一交流，提出如果要在三个月内完成目标，那么成本费用需要 20 万元。上级认为成本费用要控制在 15 万元以内，过程可以进行适度简化。管理者 B 对此提出了自己的看法，其认为成本费用如果控制在 15 万元以内，则项目需要延期一个月。上级对此表示接受。通过多次一对一沟通，管理者 B 与上级就目标达成了共识，最后管理者 B 带领团队成员在四个月内用 15 万元的成本达成了目标。最后，上级对这个结果非常满意。

通过定期向上进行"1 on 1 沟通"，管理者可以更加明确目标的价值、指标、策略和支持等，在执行目标的过程中少走弯路，更快、更好地达成团队目标。在"1 on 1 沟通"中，管理者要记住价值百万的三个经典问题。

- 我们为什么而存在？
- 我们将要成为什么样子？
- 我们做事的标准是什么？

对这三个问题有了答案之后，管理者在与上级共识目标上才会有坚实的基础。

管理者在与上级共识目标时，不要和上级在目标上"讨价还价"，而要在策略和资源上大胆地"讨价还价"。管理者越是在策略和资源上"讨价还价"，越能给上级信心。我在带团队时，最害怕听到的就是团队成员和我说"没问题，我会全力以赴"。我最想听到的是"为了全力以赴，我需要什么资源、什么支持"。

最后引申一下，管理者如果熟练地掌握了"1 on 1 沟通"的方法和技巧，还可以在平级沟通、向下沟通、家庭沟通中应用。认真地倾听，真诚地提问，会给我们带来不一样的收获。

如何共识：有胆量，敢把乌纱帽踩在脚下

管理者如何与上级进行目标、价值、荣誉共识？

管理者与上级共识目标的时候，要有胆量，不要害怕，心中有不明白的地方要敢于说出来，要敢把乌纱帽踩在脚下，不要因畏惧上级而不敢提问，要敢于说出自己的意见与建议。

上下级间的沟通并不是一件轻松的事。向上沟通时最常见的问题是很少有人会讲真话。我们的传统文化奉行中庸之道，尤其是在职场中，"既不反对，也不赞成""既不讨好，也不得罪"的态度占据主流地位。正因如此，上下级之间缺少很多必要的沟通，这就造成团队目标共识不到位、目标理解不清晰。

管理者和上级沟通时，最需要的是胆量。管理者为了更好地执行目标、达成目标，要积极主动地与上级进行沟通，聆听上级的想法，征求上级的意见，同时提出自己的建议。很多管理者与上级沟通时总是战战兢兢，患得患失，担心自己的想法被否定，担心自己被批评。此时，管理者要放下"小我"，就事论事，如果必要的争执、冲突和否定能够更好地解决问题，这才算得上是有意义的争执、冲突和否定。

同时，管理者不要走入另一个极端——不要冒犯上级。有胆量沟通不等于冒犯。管理者要有技巧地向上沟通，避免情绪化表达，同时也要注意场合与沟通方式。有话直说，也要有话好好说。

平级沟通要共赢

单打独斗寸步难行，团队合作畅行无阻。管理者要想带领团队达成目标，拿到结果，离不开企业里其他部门的协同作战。因此，管理者在共信目标时除了要向上沟通，还要与平级沟通，与协同团队沟通时要强调共赢。

很多管理者在进行平级沟通时会说："这个目标对我很重要，请你帮助我达成这一目标。"这一沟通方式显得苍白无力，请问，别人为什么非要帮助你呢？帮助你达成目标对他有什么价值呢？

平级沟通要强调共赢。工作中，每个团队、每个团队成员身上都有自己的目标，没有人有义务帮你完成目标，但是你可以寻求双方共赢的方案。

福特汽车公司创始人亨利·福特曾经提出这样一个观点："如果说成功有任何秘诀的话，那就是站在对方的立场看问题，如同从你自己的立场看问题一样。"当你抱着共赢的心态去协同团队时，当你帮助了身边的人以后，所有的人都会加倍回报你。当所有人都希望你赢的时候，整个世界都会帮助你，这就是吸引力法则。管理者在进行平级沟通时，应该经常说："您看我需要怎么配合你，您看我们部门需要怎么配合工作……"

分享一个故事。李嘉诚曾经是亚洲首富，很多人都去拜访他，学习怎么做生意。面对前来拜访的人，李嘉诚丝毫没有架子，会面带笑容地和每个人握手，他甚至会和餐厅的服务员握手，感谢他们周到细致的服务。当拜访的客人离开时，李嘉诚还会让秘书给他们准备礼物。从李嘉诚的待客之道也能窥见他生意成功的秘诀。极致地利他，就是利己。成就别人的同时也成就自己，这就是共赢。

角色定位：协调者、合作者

作为管理者，为什么你认为非常重要的事，在其他人眼里就成了微不足道的事？为什么你认为可以达成共识的事，到了协同会议上就是达不成共识呢？原因很简单，每个人的立场不同，角色不同，看待问题和解决问题的角度也不同。

在人际交往中，人们总是习惯以自我为中心去思考问题和解决问题，也会将自己的需求置于别人的需求之上，希望自己的观点被别人接受。但平级沟通需要的不是一方说服另一方，而是双方要尽量站在对方的立场思考和解决问题，追求一种平衡和共赢的状态。管理者在与平级共信目标时，要保持共赢的心态，转换对立的角色，把自己定位为协调者和合作者。

角色一变，沟通方法就变。管理者要牢记，平级之间不是竞争对手的关系，而是并肩作战的战友关系。何谓战友？战友就是关键时刻可以把自己的后背交出去而不用担心他会捅刀子的人。管理者当把自己定位为协调者和合作者时，就拥有了利他思维，就会自然而然地将焦点转移到对方身上，关注对方的需求，找到共同的目标和价值，成就他人的同时也帮助自己。

管理者要想扮演好协调者、合作者的角色，须牢记"平级沟通三原则"。

- 原则1：用建言代替直言；
- 原则2：用提问代替批评；
- 原则3：追求共同利益。

平级三点共赢法：目标、策略、责任

管理者如何与平级共赢？管理者与平级共赢的内容有三点，我总结为"平级三点共赢法"。

一是共赢目标。当两个团队协同工作时，管理者要找到彼此共同的目标，并就这一共同目标和各自的团队成员取得共识。共赢目标的核心在于管理者能够共同看见、彼此认同企业的总目标。

二是共赢策略。共赢的关键是共创。共创不是我安排你，也不是你安排我，而是大家基于共同的目标进行创造、讨论，最后形成达成目标的策略、方法。共赢策略的目的是培养团队成员的责任感，产生达成目标的驱动力。管理者在与平级共赢目标时，要让所有的团队成员参与达成目标的策略与方法的讨论，在经过集体讨论后形成最终的目标达成策略。

三是共赢责任。管理者在与平级共赢目标时，要将目标达成的行动步骤明确地列举出来，将任务明确地指派到人，并将相关的分工责任变成书面的表达，分发给团队成员，与团队成员共赢责任。共赢责任的目的是责任到人、各自担当、协同配合。

管理者在与平级沟通共赢目标时，话术可参考以下"四问"。

- 为什么？（对方凭什么与你协同工作）
- 做什么？（明确具体细节）
- 怎么做？（明确具体要求）
- 有什么价值？（对达成目标有什么帮助）

共赢场景：共创会、协同会

管理者与平级沟通共赢目标的重要场景是共创会和协同会。

共创会

共创是一种工作状态，具体来说管理者带领团队成员与平级团队成员在一起真实分享、真诚探讨，一同寻找达成目标的策略和方法。共创会就是管理者为大家搭建的场域，团队成员可以在这个场域中自由地讨论团队要往哪里、怎么去。共创会是阿里巴巴的叫法，管理者可以结合自己团队的性质重新命名。

管理者如何召开一场高质量的共创会？很多管理者开不好共创会，因为众口难调，每个人的立场和想法不一样，想让所有人都满意太难了。团队成员的每一个想法，都诞生于复杂的思维模式、价值观、利益、情感等因素。管理者要想开一场高质量的共创会，可以参考以下的"八字法则"。

一是打开。管理者要打开平级团队成员的心门，让团队成员之间彼此建立信任，从而敞开心扉，坦诚分享。

二是创造。管理者要创造话题，引导所有团队成员阐述观点、展示观点。

三是震荡。根据每个人提出的不同的观点进行头脑风暴，使彼此的观点在安全的范围内跳跃、震荡，迸发出灵感的火花。

四是收敛。头脑风暴不是目的，头脑风暴后就某一问题得出结论才是目的。管理者在震荡之后一定不要忘了做收敛的动作，要使观点碰撞之后产生具体的解决方案。

在成功的共创会上，管理者往往有一种追不上团队讨论节奏的感觉。管理者开共创会时不要害怕吵架，很多时候解决方案就是吵出来的。大家开共创会的时候，可以把门关起来，怎么吵都可以，这是为了打开门出去的时候，团队可以力出一孔。

协同会

管理者要有意识地设置、主导协同会议。在非正式的场景下，跨部门的沟通很难有结果。管理者可以采用协同会议的方式去共识目标、共识方法、共识分工，从而落地执行目标。

部门协同最大的难题在于"部门墙"的存在，人为设置壁垒，各自为政，"屁股决定脑袋"，将部门的局部利益置于企业整体利益之上。

我们在服务企业的过程中，经常看到管理者在协同会上自说自话，对目标达成策略不清楚，部门之间缺少沟通和协调，导致团队成员在执行目标的过程中南辕北辙。出现问题后，部门之间又开始互相"甩锅"，推卸责任。

管理者要想召开一场高效的协同会，需要注意三个关键要素。

- 目标导向。管理者召开协同会时要紧紧围绕目标展开，确保目标是明确的、具体的，确保各个部门对目标达成共识。针对不同的项目，管理者要区分主要目标和次要目标，明确跨部门、跨岗位的工作任务。
- 具备系统思维。管理者要有全局观，要对达成目标的各个部门、各个环节了如指掌，要分清主次关系、先后关系和因果关系，预判各个变量的产生，同时通过强有力的组织协调能力使各个部门心往一处想、劲儿往一处使。
- 例外事项、紧迫事项优先处理。任务有轻重，团队之间合作也有主次，管理者要随时掌握任务完成进度，及时调整任务的轻重缓急程度，使团队协作井然有序。

如何共赢：有"肺腑"，君子和而不同

管理者如何与平级共赢目标、策略和责任？

管理者与平级共赢目标时要有"肺腑之言"。肺腑之言，意味着管理者与平级沟通时既要真诚又要直言不讳。语言并不会改变现实，但可以改变人们对事物的看法。所有的技巧与策略都建立在真诚与尊重的基础上。平级之间没有权力关系，没有命令关系，只有共赢关系，而这种共赢关系的前提是创造共情、达成共识。

道理都懂，知行合一却很难。在现实中，平级沟通往往会出现这样的僵局：

- 大家平级，为什么我要主动找你沟通，而不是你来主动找我沟通？
- 既然平级，我有我的道理，你有你的道理，我们到底听谁的？
- 平级沟通，我有我的利益，你有你的利益，利益冲突时，我们要舍弃谁的？

平级沟通过程中，当遇到不同的观点、想法或产生矛盾时，管理者要对不同观点和做法之间的非原则性问题持有宽容之心，把主要的资源和精力放在对双方都有利的地方，通过增加共识，建立深厚的友谊，实现协同合作。

平级沟通最怕的是没有肺腑之言，点到为止，表面一团和气，但内里四分五裂。管理者要想与平级共赢目标，拿到结果，就要勇于面对问题。"隔靴搔痒"式的沟通浪费时间，也没有一点儿价值和意义。真正有意义的沟通是彼此坦诚相待，释放主观能动性，将各自的观点"晒出来"，在阳光下获得更多的能量。

管理者要想做到有肺腑之言的沟通，需要做到"平级四不"。

一是理解不误解。在平级沟通中，真诚是第一位的，真诚的沟通可以使双方的想法清晰化、明朗化，减少误解。在平级沟通中，管理者忌用这样的句式："不是已经和你说过""让领导决定吧"。这样的句式对解决问题毫无帮助，反而因为情绪化的表达，使沟通变成争执。

二是补台不拆台。平级之间是支持和合作关系，一荣俱荣，一损俱损。因此，作为利益共同体，平级之间要互相给予支持，而不是互相拆台。互相拆台是典型的损人不利己的行为。

三是分工不分家。平级之间所属团队、部门不同，分工不同。就像一辆汽车的零部件，虽然功能不同，但最终目的都是让汽车正常行驶。任务有分工，但利益不分家。不管是哪个团队、哪个部门，都是企业的有机组成部分，整体利益大于局部利益。

四是交心不多心。"人心若平,世间便无不平之事"。平级之间沟通时,最怕的就是心理不平衡,觉得自己做多了,别人做少了,或者因为一些误解导致互相猜疑。不多心,是人与人之间相处的秘诀,也是平级之间沟通的秘诀。

"敲黑板":最好的协同、最好的配合是奉献,是基于共同目标、共同策略的全力以赴。

向下沟通要共启

管理者要经常与团队成员共启目标。只要带团队,管理者就离不开向下沟通。向下沟通是颇具挑战性的管理动作。

很多管理者经常会遇到向下沟通的问题:自己明明向下级交代了一件事,可对方要么没听清,要么没听懂,要么听错了,导致最后无法达成目标。为什么会出现这样的沟通问题呢?

这一问题产生的根源可以用"沟通漏斗"来说明。所谓沟通漏斗,是指工作中团队沟通效率下降的一种现象。简单描述这种现象,就是一个人心里想的是100%,嘴上表达出来的可能是80%,受种种因素的影响,别人可能只听到60%的信息,最后听懂、理解的可能只有40%,而到了执行的时候,可能就只剩下20%了,如图1-18所示。

本质上,沟通漏斗呈现的是一种由上至下逐渐减少的趋势,因为漏斗的特性就在于"漏"。管理者一定要掌握一些沟通技巧,争取让沟通漏斗"漏"得越来越少。反观这个过程,在沟通中,我们起初心里所想的是100%,到他人行动时却只执行了20%,

在这个过程中发生了什么？我们心里要说的话，为什么会被层层漏掉呢？

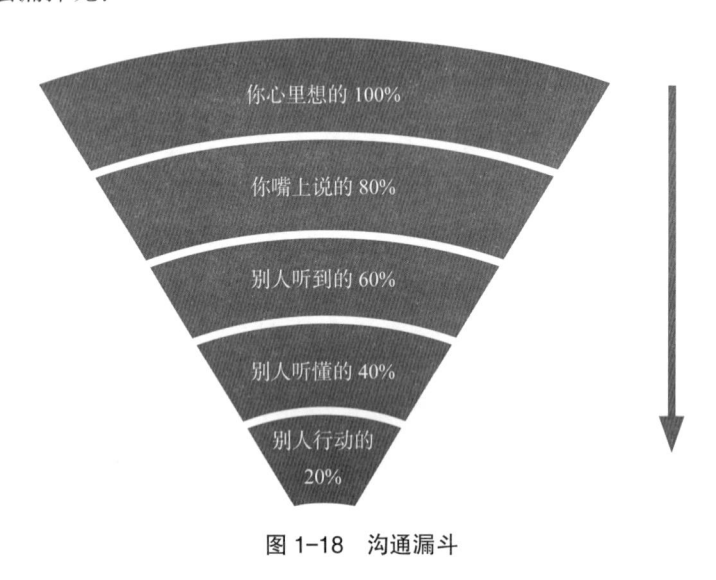

- 你心里想的 100%
- 你嘴上说的 80%
- 别人听到的 60%
- 别人听懂的 40%
- 别人行动的 20%

图 1-18　沟通漏斗

根本原因在于管理者向下沟通时没有共启目标。什么是共启目标？共启目标是指管理者要最大限度地激发和释放他人的热爱，共同达成目标。卓越的管理者最大的特点就是善于通过沟通唤醒团队成员的梦想，通过示范、感召，使团队成员相信能够共同完成一项伟大的事业，进而使他们满怀激情地投入工作或者支持变革。

美国民权运动领袖马丁·路德·金发表的著名演讲《我有一个梦想》，之所以使听者热血沸腾，是因为他讲述的不仅仅是他一个人的梦想，也是众多受种族歧视和压迫的黑人的梦想。马丁·路德·金通过极具感染力和鼓动性的话语，激发了其他黑人心中的梦想，从而使他们愿意追随马丁·路德·金的脚步。

我们在服务企业的过程中，发现很多管理者在向下沟通时，只向团队成员传递一个个冷冰冰的数字，比如本月完成多少业绩、本季度完成哪一个项目的交付等，对于"为什么定这个目标"，很少会跟团队成员耐心地沟通。大多数情况下只是随口一说："目标是上级定的，我们只管做就行了。"这种没有与团队成员共启目标的沟通方式，使团队成员只是被动地接受目标，缺乏主动参与的过程，导致团队成员对目标不清晰、不理解，就像战士上了战场，不知道自己的敌人是谁，也不知道该朝哪里开枪，仗自然打不赢。

角色定位：领航员、教练

要想做好向下沟通，共启目标，管理者要进行角色认知上的转变。

从"救火员"到"领航员"

要做到目标共启，管理者首先要做好角色转变，从"救火员"转变为"领航员"。

作为领航员，管理者要比员工站得高、看得远，制定一个清晰、令人信服的目标，为员工指明方向与前进的道路。同时，管理者还要与团队合作，将目标转化为可衡量的结果，带领团队朝着目标努力。

共启目标时，管理者常常出现角色错位的问题——盲目的控制欲，不愿意放权。管理者一方面觉得员工做不好事情，一方面又要保证团队的产出。员工的能力得不到锻炼，管理者整天忙着"救火"，将自己定位为"救火员"。"救火员"不是真正的管理者。

诚然，当遇到突发事件的时候，管理者必须有这种"我不上谁上，我不下地狱谁下地狱"的英雄气概，但总是充当"救火员"的角色是不行的。管理者要转变角色，成为"领航员"，运筹帷幄，决胜千里。

从"教授"到"教练"

要做到目标共启，管理者其次要做的是从"教授"角色转变为"教练"角色。

管理者不能只是"嘴上功夫了得，只说不听也不做"，而是要"既说又听更要做"。管理者既要说清楚目标和目标的达成策略等，也要辅导员工达成目标。阿里巴巴在管理上有一个非常著名的原则：视人为人。走上管理岗后，管理者必须认识到：下属首先是人，其次才是员工。是人就有喜怒哀乐、兴趣偏好、理想追求，管理者要正视人的这些特点，才能更好地进行向下沟通。

"教练"的角色职责主要是关注人。事是人做出来的，目标是人共同达成的。管理者要起心动念，视人为人，以人为本，多关注团队成员的动向、能力特点、工作状态，做到知人善任、因材施教，全力帮助团队成员走向成功。

以上就是管理者在向下沟通时所要扮演的两大角色："领航

员"和"教练"。管理者从这两种角色入手，有条不紊地共启目标，就可以逐步将企业目标、团队目标转变成团队成员的个人目标，逐渐把自己修炼成一个优秀的管理者。

三元共启法：动力、方向、方法

管理者如何与团队成员共启目标？管理者与团队成员共启目标的方法有三点，这里总结为"三元共启"，如图1-19所示。

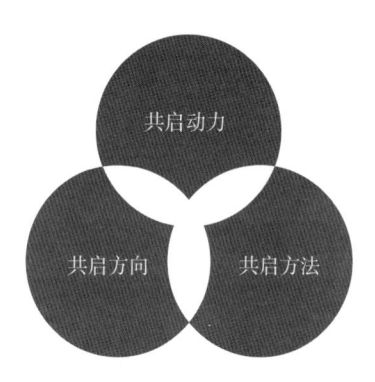

图 1-19 基于目标的三元共启

共启动力

人们对工作有两个诉求，一个是工作本身，用能力和绩效说话；另一个是工作背后的意义——让一个人甘愿为之付出的内在要素。共启动力，是指管理者要激发团队成员达成目标的动力，让团队成员找到努力达成目标的方向。

要想让团队成员对目标达成有动力，管理者要做的是赋予目标员工个人层面的意义。目标不是企业的，不是团队的，而是员工自己的。管理者要清楚地告诉员工，目标实现后，员工能得到怎样的收获。人只有先清楚"为什么做"才有更大的动力去做好。

管理者要想更好地共启动力，需要寻找"两个点"。

一是寻找意义点。通俗地说，就是赋予目标意义。目标并不是孤立的，往前溯源，它因企业的愿景而生，与诸多因素相连。目标不是一叶浮萍，而是活生生的、富有生命力的。目标背后的"意义"是指市场价值的彰显、跨越里程碑的荣耀等。当感性的"意义"和理性的目标结合起来，目标就有了温度，能有效刺激员工去冲击目标，因为意义感是人性的共同需求。

管理者赋予目标意义时，要清晰地告诉团队成员：实现了这一目标后，我们将为客户创造什么价值？我们能帮助客户取得什么成就？企业哪些方面会实现增长（比如利润、竞争优势、市场占有率等）？团队会有什么收获（比如团队荣誉、团队排名、团队战斗力等）？员工个人会有什么成长与收获（比如升职加薪、个人技能提升、个人核心竞争力提升等）？

举例，2020年中国女篮与英国女篮比赛前，中国女篮心理教练黄菁在更衣室发表了一番激情讲话："当需要一个人站出来时，那叫勇敢；当一个团队挺身而出时，那叫担当；当一个国家身处逆境，呼唤一种精神时，那就是使命，就是信念，就是一往无前！""我们是谁？""中国女篮！""为了谁？""祖国！"，中国女篮姑娘们的呐喊声在一间小小的更衣室里回荡。这种高昂的士气也使中国女篮以三战全胜的战绩获得了参加东京奥运会的资格。

黄菁是一个优秀的管理者，他善于寻找目标的意义点，他通过为目标赋予国家层面的意义，激发团队成员达成目标。

二是寻找动机点。人做任何事情都得有动力。一个人的动机越强烈，就越能被这股内驱力鞭策，更快、更稳地实现目标。管理者在共启动力时，要把企业目标、团队目标，以及个体的使命愿景、长期目标、短期目标、当下动机关联在一起。管理者可以与团队成员沟通，找到每个员工的动机点，扣动员工的心灵扳机。

有的人努力工作是为了赚钱买房，有的人努力工作是为了获得更高的职级，有的人努力工作是为了得到更多的尊重和认可……当管理者清楚员工为了什么而努力时，才能激发员工达成目标、挑战高目标。比如员工的目标是月薪破万，管理者要告诉员工"只要完成100万元的销售额，月薪就能涨到1万元"。员工明确了月薪破万的实现路径，就有动力去挑战100万元销售额的目标。管理者找到员工动机点的根本前提是：帮员工找到清晰的个人目标。只有当个人目标与企业目标、团队目标完全一致，或者三者的主要目标相互协同的时候，才能实现"上下同欲"。

比如我在阿里巴巴任职时，我的团队中有一个面临末位淘汰的员工。这个员工生完孩子后返回工作岗位，在长达一年的时间里，一直没能达成月基础目标，马上就要面临末位淘汰。为了做好目标共信，我约她在楼下的星巴克沟通。之所以约在星巴克，是为了让沟通氛围轻松一些，找到她的动机点。在与她沟通的时候，我问了她三个问题：你希望你在孩子心目中的形象是怎样的？阿里巴巴这份工作对你有没有价值？未来你是想选择创业，还是想继续在阿里巴巴工作？

提出这三个问题后，我通过她的回答找到了她的动机点——继续留在阿里巴巴工作，成为孩子的骄傲。我告诉她："你想留在阿里巴巴工作的话，只能靠全力以赴完成目标……你需要我如何帮助你达成目标？"

每个人都有自己努力工作的动机点，只不过很多时候被隐藏了，在某些特殊的场景下才能被挖出来。管理者跟员工沟通的关键就是挖掘出员工隐藏的动机点。动机点明确了，员工知道自己是在为什么而努力，努力的方向是什么，就有了达成目标的动力——这个曾经面临淘汰的员工半年后成了区域的预备管理者。

大多数员工达成团队目标的动力并不强，犹如时钟，管理者需要时常拨一拨，紧一紧，才能让时针转起来。阿里巴巴有一句话："极度渴望成功，愿付出非凡代价。"当管理者找到员工的动机点，并扣动了员工的心灵扳机后，员工就有了动力，对目标会更加笃定，并且愿意为此付出非凡的努力。

通过寻找"两个点"——意义点和动机点，管理者要告诉员工，工作"不是为我做，不是为团队做，而是为自己做"。每个员工内心都有一团火，管理者往往只看到一股烟。做管理不是接满一杯水去熄灭那股烟，而是点燃员工内心的那团火。

共启方向

管理者共启目标的第二点是共启方向。达成目标的方法可以不一样，但方向必须保持高度一致。方向不对，努力白费。

试想一下，当战士冲上战场，却不知道这场战役是攻还是守，怎么可能打赢战役？茨威格在《人类群星闪耀时》中提到："一个人生命中最大的幸运，莫过于在他的人生中途，即在他年富力强的时候发现了自己的使命。"

- 作为管理者，如果你帮助团队成员明晰一个月的目标，你只能是他的主管；
- 如果你帮助团队成员明晰三个月的目标，你能做他的经理；
- 如果你帮助团队成员明晰一年的目标，你可能是他的总监；
- 如果你帮助团队成员明晰三年或五年的目标，你就不再是他的管理者了，而是他的人生导师。

管理者与团队成员共启方向时，可以问自己以下三个问题，把以下"三问"向团队成员说清楚了，共启方向也就做到位了。

- 为什么要达成这样的目标？为什么是这个数字？
- 目标来源是什么？
- 目标背后的意图是什么？

以上"三问"考验的是管理者说"为什么"的能力。能拿结果、能持续拿结果的团队会将雄心、热情和目标结合到一起，团队成员清楚为什么要做，且理由令人信服。我在阿里巴巴任职时，为了冲刺千万业绩目标，常常对团队成员说的一句话是：为自己，为家人，为兄弟。作为管理者，一定要向团队成员讲清楚努力的方向，讲清楚为什么努力，讲清楚团队的战略意图是什么。

共启方法

管理者共启目标的第三点是共启方法。管理者不能简单地将目标丢给员工，喊几句口号、拍拍肩膀了事。在执行层面，管理者需要协助员工将"结果性目标"分解为具体的"行动小目标"，在达成方法上关注策略与过程。比如，我们如何去完成这个目标？目标落地的职责分工和行动计划是什么？

管理者在共启方法时，要向团队成员讲清楚以下"六问"。

- 目标是什么？是业绩目标、招聘目标，还是培训目标？
- 做到什么程度才算达成目标？比如业绩目标是做到 1 000 万元、2 000 万元，还是 5 000 万元？
- 截止时间是什么？总体完成时间有多长？有没有阶段性

的截止时间？

- 目标的用意是什么？我们希望通过这个目标实现什么目的？比如招聘是为了服务新业务，还是为了稳固旧业务？用意不同，对应的实施路径也不一样。
- 目标的实施路径是什么？意图和路径通常隐藏在子目标里。所以，管理者无论是向上理解，还是向下传达，不能只围绕总目标展开，还要围绕它的子目标展开。
- 上级有什么资源支持？为了完成这个任务，可以利用哪些可能上级掌握而我们不曾掌握的资源？

管理者只要能向团队成员清晰地解释这"六问"，通常就做到了一次成功的目标共启。管理者只有自己先想清楚，才能让团队成员干明白。在企业日常管理中，最怕的就是管理者自己对企业战略目标和年度目标都没有搞明白，就安排团队成员去干，最后导致整个团队拿不到结果。

要想马儿跑得快，就要给马儿吃草。管理者不能只谈目标不谈支持，这样很难拿到结果。管理者要与团队成员深入沟通达成目标的策略，了解员工需要哪些资源和支持，并及时提供帮助。

以上就是管理者向下沟通、共启目标的三元共启法——只有当团队成员的动力、方向、方法都一致时，才能实现"上下同欲"，力出一孔。"蓬生麻中，不扶自直"，向下沟通不是去改造一个人，而是改造人所在的环境，用环境塑造人，用行为影响人。管理者要将"目标共启"作为自己的管理习惯，从而塑造良好的管理环境。

沟通场景：共创会、启动会

管理者要想召开一场高质量的共创会，可参考"平级沟通要共赢"里提到的召开共创会的方法。表1-21为我的团队在2022年8月召开的共创会上的内容。

表1-21 团队2022年8月共创会

破晓·冲锋队8月规划共创通关					
主题	8月达成策略共创会		负责人	周筠盛	
时间	7月28日		参会人	冲锋队全员	
序号	议程	内容	输入	产出	时间
1	登记	破冰与分组	/	/	10分钟
2	8月目标共识	管理者讲解	·年/季度目标达成进展 ·8月目标设定与来源	/	15分钟
3	8月策略共创	分组共创	/	·现有客户资源盘点 ·8月核心策略与拆分拆解	50分钟
4	8月策略通关	组长分享、管理者点评、两组互评	/	方案改进建议	30分钟
5	第二次共创	分组共创	/	根据建议调整完善	30分钟
6	第二次通关	组长分享、管理者点评、两组互评	/	·8月目标、策略与目标分解共识 ·待办计划表共识	30分钟
7	总结	·管理者总结 ·团队互送鲜花（裸心）	/	/	20分钟

接下来着重分享一下启动会。我在阿里巴巴任职时，公司每年的重头戏就是近百个城市区域管理者召开的"百万英雄启动会"。阿里巴巴要求每个管理者将启动会的精彩留影做成海报，在全国交流群中宣传，互相激励，互相促进。

为什么阿里巴巴要开这么多启动会呢？开启动会可以为员工注入动力，点燃员工内心的那团火焰，让团队中的所有成员共同看见，蓄势待发。

无论什么形式的启动会，使用什么样的工具，其目的都是让所有人共同看见。管理者需要不断带领员工拿下目标，取得胜利，从胜利走向胜利。

如何共启：有心肝，借假修真

管理者如何与团队成员进行动力、方向、方法的共启？管理者与团队成员共启目标时要"有心肝"。通用电气集团前首席执行官杰克·韦尔奇认为："真正的沟通不是演讲、文件和报告，而是一种态度，一种文化环境，是平等地、开诚布公地交流，是双向的互动。只要花时间做面对面的沟通，大家总能取得共识。"

"有心肝"是指管理者在向下沟通时要有耐心，要尊重、理解、帮助下属，以平等的心态倾听他们的声音，尊重他们的想法，让他们参与决策，求同存异，用心斟酌每一次回答、每一句话，甚至每一个词语，使团队成员感受到管理者的用心、真心。

管理者在向下沟通时要区别信仰与"洗脑"的区别：自己相信之后让别人相信是信仰；自己不信但是让别人相信是"洗脑"。无论何时，管理者在向下沟通、共启目标时，一定要牢记：套路只能一时爽，唯有真诚得人心。

向下沟通要"有心肝"的核心是借假修真。什么是借假修真？在这里有三重含义。

- 含义一：借向下沟通的"假"修达成目标的"真"。
- 含义二：借达成目标的"假"修团队成长的"真"。
- 含义三：借团队成长的"假"修个人成长的"真"。

这三重含义可以归纳为借假修真、借事修人、借人修己。如何理解"假"？我们可以将其理解为变化的事物，比如业绩是会随着市场的变化而变化的。如何理解"真"？"真"可以理解为不变的事物，比如企业价值观、员工个人能力、组织能力等，这些是不会随着市场变化而变化的。所谓借假修真、借事修人、借人修己，就是指管理者要在实现业绩增长的过程中，锻炼员工的能力、提升组织的能力，磨炼企业的文化。

管理者要想做好向下沟通"有心肝"，借假修真，须牢记三个沟通技巧。

- 技巧一：先认可，后要求，再设定标准。没有人喜欢被否定，如果管理者在沟通时先否定，就定错了基调，可能使后续的沟通没有效果。
- 技巧二：学会倾听。管理者在沟通中不要总是发号施令，要尊重员工，倾听员工的心声。
- 技巧三：反复沟通。管理者与员工共启目标不是一蹴而就的，需要反复多次沟通，在沟通中反复修正，才能更好地理解目标。

共信目标工具

表 1-22 管理者与上级共识目标的问题清单

共识内容	需明确的目标要素
共识价值	1. 目标的来源是什么？是市场机会、团队扩张，还是季度目标追赶？ 2. 目标背后的战略意图是什么？利润和客户量冲突时，应优先保证哪个目标，要利润还是要市场覆盖率？锻炼团队和客户成交冲突时，要团队历练还是要业绩结果？ 3. 策略背后的客户价值是什么？业务策略、活动的目的是服务客户优先，还是成交客户优先？ 4. 本月协同部门、支持部门的目标是什么？我们是否有足够的资源支持来达成目标？
共识目标	1. 本月的业绩目标是多少？ 2. 本月的非业绩目标是什么？（转化率、入职人数、人效等）
共识荣誉	1. 达成战役结果后，团队能拿到什么奖励和荣誉？ 2. 本月的激励机制的考核维度和考核结果是什么？

表 1-23 管理者与平级共赢目标的问题清单

共赢内容	需明确的目标要素
共赢目标	1. 本月我的目标是多少？ 2. 本月我的目标能否满足你的协同需求？ 3. 本月我需要协同部门的支持量（客户线索/活动/产能）是多少，是否可以成为你部门的月目标？
共赢策略	1. 为了我们的整体目标达成，核心策略方法是什么？（获客策略、成交策略、转介绍策略或局部优化策略） 2. 为了我们的整体目标达成，需要什么样的资源？我能给你贡献什么资源，我需要你怎样的资源支持？ 3. 我们的核心优势是什么，怎么更好地发挥？要重点克服的困难是什么？需要做什么？
共赢责任	1. 本月的核心策略，我们如何来做分工？ 2. 本月需要我们一起克服的困难点，我们的落地改进计划是什么？怎么相互配合？

表 1-24　管理者与团队成员共启目标的问题清单

共启内容	需明确的目标要素
共启动力	1. 实现目标后，我们将为客户创造什么价值？ 2. 企业将会有什么增长？（比如利润、竞争优势、市场占有率等） 3. 团队会有什么收获？（比如团队荣誉、团队排名、团队战斗力等） 4. 员工个人会有什么成长与收获？（比如升职加薪、个人技能提升、个人核心竞争力提升等）
共启方向	1. 为什么要达成这样的目标？为什么是这个数字？ 2. 目标来源是什么？ 3. 目标背后的意图是什么？
共启方法	1. 我们如何去完成这个目标？ 2. 目标落地的职责分工和行动计划是什么？

共信目标练习

一、你现在能否充分地与上级共识目标、与平级共赢目标、与下级共启目标？请你给自己打分。（每项满分为 10 分）
上级共识：
平级共赢：
下级共启：
二、你在共信目标中遇到的最大困难是什么？请简单陈述。
三、请你写出下个月团队共信目标的实操方案。

第二章

抓过程：苛求过程，释怀结果

结果是过程的产物,过程和结果犹如管理者的"两条腿",缺一不可。好过程等于好结果。没有结果思维的管理者不是合格的管理者;只要结果的管理者也不是合格的管理者。抓过程最高的境界是苛求过程,释怀结果。

导读

业务三板斧的第二板斧是抓过程。

管理者通过"定目标三部曲"定出好目标,对目标进行分解,使千斤重担万人挑,人人肩上有指标,并把目标共信给所有人后,团队便有了共同的目标,有了前行的方向。

方向有了,但路途遥远,走着走着就容易走偏。管理者要通过抓过程,确保目标达成,拿到结果,否则,定下的目标再好也是枉然。

过程是指团队成员为了实现既定目标要做什么、怎么做。既然是做什么、怎么做,就需要管理者在抓过程时明确清晰的业务流程,使团队成员在执行业务流程时有章可依。

管理者抓过程的目的不是监视和控制团队成员,而是及时发现问题并协助团队成员解决问题,使过程处于正确的轨道上,确保团队拿到结果。

什么是抓过程?通俗地说,就是管理者确保团队成员把事情做对,带领团队更快地达成目标。

好过程 = 好结果

过程和结果,哪个更重要?

阿里巴巴有一句"土话":"没有过程的结果是垃圾,没有结果的过程是放屁。"这句话听上去有点糙,但话糙理不糙,一针见血地道破了过程管理对结果的重要性。好的过程等于好的结果。过程和结果犹如管理者的"两条腿",缺一不可。

在管理场景中,我经常听到很多管理者说:"我只看结果,不看过程。"诚然,以结果说话没有问题,考核结果也并没有错,但结果是过程的产物,没有过程,何来结果?如果过程无可挑剔,结果一定不会差;如果过程缺质少量,结果一定不会好。

没有结果思维的管理者不是合格的管理者;只要结果的管理者也不是合格的管理者。管理者要带领团队拿到结果,要两手都抓,两手都硬。

抓过程三原则

目标定得很好,但就是完不成;

每周开会跟进工作进度,但进展依然缓慢;

明明定下了清晰明确的工作任务,但员工执行的结果与预期有很大的偏差……

这种场景、这种感受,做过管理的人应该都有深刻体会。我们从服务企业的过程中发现,出现这种情况,大部分原因是管理者没有抓好过程。

杰克·韦尔奇认为,管理的真谛就是将复杂的问题简单化,将混乱的事情规范化。从制定目标到拿结果,中间是复杂和琐碎的过程。如何将复杂琐碎的业务流程制定得清晰明确?如何抓好过程?如何确保好的过程有好的结果?这考验着管理者抓过程的能力。

原则在前,方法在后。管理者在抓过程时,要遵循以下三个原则,如图 2-1 所示。

改习惯　　抓关键　　抓透彻

图 2-1　抓过程三原则

改习惯

很多管理者在抓过程时,在时间上习惯按周抓、按月抓,这都属于事后管理,事后管理很难有好结果。管理者要改变这一习惯,在时间上做到按天抓过程,按周抓结果。

管理者按天抓过程,可以将影响目标达成的因素扼杀在摇篮里,确保员工正确执行业务动作,防止动作走形。同时,管理者要通过盯紧问题,及时调整解决方案的方式,确保过程管理透明化。管理者按周抓结果,要以周为单位,对目标进行动态调整,以便达成月目标。

"敲黑板":管理者不要等到一周、一个月以后,结果已经板上钉钉了,再回头看过程。管理者要记住:日拱一卒无有尽,功不唐捐终入海。

抓关键

　　管理者从时间维度上要按天抓过程,从内容维度上要抓大放小,要把业务流程的关键动作和关键指标梳理出来,把握好关键事项,不要事无巨细,什么都抓。什么都抓的结果是什么都抓不好。

　　彼得·德鲁克在《卓有成效的管理者》一书中分享过一个故事。一个记者采访一个青年步兵上尉时问道:"在战场混乱的情况下,你如何指挥你的下属?"上尉回答道:"我的任务只是确保他们知道在这种情形下应该如何行动。至于实际上该怎么做,应由他们根据情况加以判断。责任虽然在我,但行动的决策由战场上的每一个人自己决定。"管理者抓过程也是如此,要抓过程中的关键指标,而不是过程中的所有细节。

抓透彻

　　管理者抓过程时,不要流于表象,要学会像剥洋葱一样,一层层地剥开,直到看见真相和本质,帮助员工把事情做对,拿到结果。

　　我们在服务企业的过程中发现,很多管理者抓过程时把自己定位为"监督者",只关注员工做了多少,不关注员工做得好不好,这就是没有抓透彻的表现。员工做了多少,通过数据就能判断；而判断员工做得好不好，需要洞察力。做得好不好直接关系到最终结果的好坏。

如果管理者只盯着"量"而忽视"质"，可能使员工陷入"假勤奋""伪努力"当中，导致动作变形，路线跑偏，最后拿不到结果。管理者要有一双慧眼，及时发现团队成员在执行中出现的偏差，同时还要具备纠偏的能力，使团队成员能及时回到正确的轨道上来。

抓过程三抓手

原则就是抓过程的方向，当管理者掌握了抓过程的三原则后，如何抓好过程呢？抓过程要"抓"什么？

管理者抓过程有三大抓手，如图2-2所示，它们是过程管理中的关键，是对结果产生较大影响的着力点。

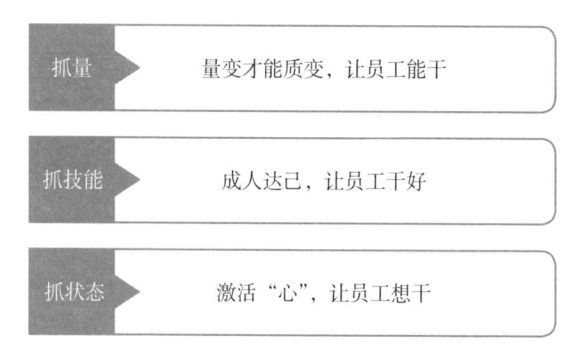

抓量	量变才能质变，让员工能干
抓技能	成人达己，让员工干好
抓状态	激活"心"，让员工想干

图2-2 过程管理三大抓手

关于管理者如何抓量、抓技能、抓状态的具体方法论在本章节里有详细分享，这里着重分享一下这三者之间的逻辑关系。

以销售团队为例，管理者首先要抓量，看清业务流程的每个细节，确定关键数据、关键事件、关键客户、关键渠道和关键节点，保障业务正常开展；其次要抓技能，通过培训对销售话术、策略打法、流程制度等方面能力进行提升，确保业务增长；最后要抓状态，使员工保持亢奋的状态，时刻为打胜仗做准备。

在销售团队中，量、技能和状态三点形成一个面，随着获取客户信息、拨打邀约电话、上门拜访等业务流程的推进，最终实现签单，形成一个业务流程漏斗，如图 2-3 所示。

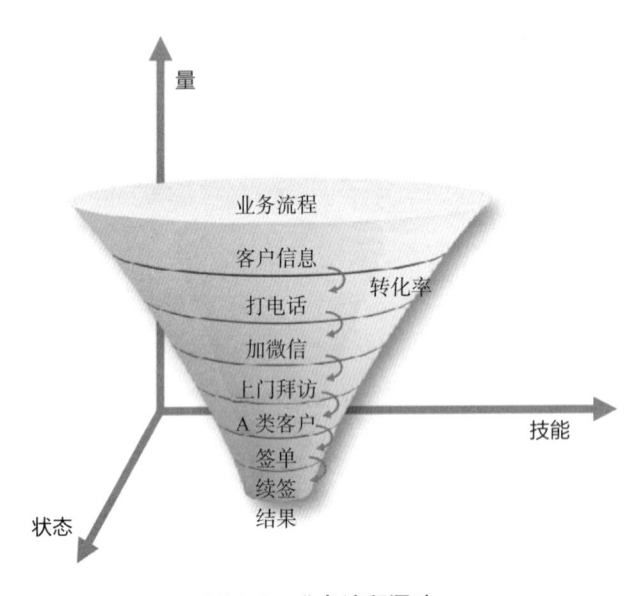

图 2-3　业务流程漏斗

量、技能和状态与拿结果之间的关系，用公式可以表示为：

$$拿结果 = 量 \times 技能 \times 状态$$

量、技能和状态之间的关系不是加法，而是乘法，任何一个抓手的提升或降低都会对最终结果产生巨大的影响。管理者要想带领团队打胜仗、拿结果，需要清晰过程量，使团队掌握必备的技能，拥有亢奋的状态，这三者缺一不可。

抓过程的最高境界是苛求过程，释怀结果。管理者做好过程管理后，要在结果上随缘。

抓量：量变才能质变，让员工能干

抓过程的第一个抓手是抓量。

"量"有两层含义：第一层含义是"数量"，第二层含义是"质量"。

管理者先抓数量还是先抓质量？我的答案是先抓数量。以销售团队为例，有的管理者认为只要有几个高质量的客户，就不愁没有业务，这种看法会限制业务的发展。高质量的客户不是从天而降的，要先有足够大的客户池，才能从中挑选出高质量的客户。如果客户基数不够大，所谓的高质量客户也不过是"矮子里面拔将军"，难以持续为企业带来价值。

没有数量，就没有质量，大部分质量问题，都可以归结为数量不够。管理者一定要记住，首先积累"量"，其次追求"质"。

管理者抓过程为什么要抓量？

原因很简单，量变才能产生质变。不管是企业还是个人，只有脚踏实地做好每一件小事，不断积累，才会在某一个时刻产生质的变化，拿到想要的结果。

管理者如何抓量？

对于管理者抓量的方法，我总结为"抓量四步法"，分别是看数据、挖因由、补差距和做迭代。

看数据

"抓量四步法"的第一步是看数据。

身处数字化时代，人人都应该具备数据思维。美国作家乔丹·莫罗在《数据思维》一书中写道："数据可以帮助人类获得见解和知识，有赖于此，人类就能更好地把控未来。"作为管理者，更应该具备数据思维，因为数据思维被称为"企业管理的第一思维"。管理者做决策不能依赖以往的经验思维，要学会用数据思维抓过程、做管理。

所谓数据思维，要求管理者能理性地对数据进行处理和分析，通过逻辑推理进行决策。管理者要通过数据知道企业发生了什么，为什么会发生，有什么样的规律。同时，数据思维还要求管理者具备充分的想象力，能够将数据关联到管理流程和制度，并能创造性地提出不同的见解。

管理者为什么要具备数据思维，通过看数据来抓量？有以下三个原因。

- 精准决策。数据驱动决策，数据可以客观真实地反映出市场动态、客户需求，帮助管理者进行科学决策，减少因为直觉或者经验主义而导致决策失误的概率。
- 高效管理。数据可以直观地反映管理过程，管理者通过分析数据,可以更好地进行资源配置,同时也有助于发现过程中的缺陷和不足,从而优化流程、提升效率。
- 洞察趋势。数据不是冷冰冰的数字,而是会"说话"的生产要素。数据中往往藏着市场、客户和竞争对手的信息,管理者要透过数据看到未来的发展趋势。

管理者具备数据思维后,通过看数据生成"数据看板",可以全面地呈现团队业务进展和目标达成情况,使过程管理可控,让数据(事实)指导决策,高效管理团队,并通过数据分析,洞察行业发展趋势。

管理者在看数据时不能就"数"论"数",不能始于数据,止于数据,而是要透过数据看本质,看到数据背后的问题。

问题来了,企业里的数据千千万,管理者要看哪些数据呢?管理者要想抓好量,主要看三大数据,我将其称为"数据三看",如图2-4所示。

| 看结果数据 |
| 看过程数据 |
| 看财务数据 |

图2-4 数据三看

看结果数据

结果数据通常是管理者将目标按照时间、团队、客户来源、产品等维度进行拆分得到的数据,与月初制定的目标有对应关系,往往能反映目标完成的进度,比如销售量、定金成交额等。

管理者看结果数据要做到"两看":一看整体,二看局部。

一看整体。管理者先要从整体上看结果数据,因为结果数据是从"天""地""彼""己"定的目标而来,所以管理者要根据企业各个目标之间的逻辑关系,以全局思维看结果目标,不能"只见树木,不见森林"。高层管理者看结果数据,通常以月为节点;基层管理者看结果数据,通常以周为节点。

二看局部。管理者看完整体结果数据后,还要围绕月的周、周的日进行目标拆分,看局部结果数据完成情况。结果数据可以按照团队、时间、业绩等细分维度拆分成不同的节点,每个节点就是一个目标的里程碑,比如,本月的销售量是多少?本周的销售量是多少?本日实现的销售量是多少?各个维度的量是多少?今日新增的 A 类客户是多少……不同的目标拆分维度,对应着不同维度的过程追踪,不同的企业可以根据业务类型选择适合本企业的拆分维度。

看过程数据

过程数据是指业务流程中关键环节对应的过程量,如拜访量、新增客户数、转化率、签单率等。

过程数据怎么确定?

在确定过程数据的时候，管理者通常要根据结果数据倒推，这样才能确保结果数据达成，比如，小张每月想拿到 1 万元提成，他需要完成 20 万元的订单，也就是要成交 4 个客单价为 5 万元的客户。如果每 3 个 A 类客户中有 1 个客户能成交，就需要产生 12 个 A 类客户。如果每拜访 10 个客户能产生 1 个 A 类客户就需要拜访 120 个客户，如果每拨打 10 个电话能拜访 1 个客户，就需要拨打 1 200 个电话。这样推算下来，小张每天的过程数据是拨打 40 个电话，拜访 4 个客户，如图 2-5 所示。

| 1 万元提成 | ➡ | 20 万元新签业绩 | ➡ | 4 个客单价 5 万元的客户 | ➡ | 12 个 A 类客户 | ➡ | 120 个客户拜访 | ➡ | 1 200 个电话 | ➡ | 每天 40 个电话，4 个客户拜访 |

图 2-5　通过结果推算过程

过程数据体现的是业务执行过程中的细节。管理者看过程数据时要遵循"一中心两目的"的原则，即以客户为中心，梳理业务流程；以转化为目的，确定关键节点；以转化率提升为目的，细化颗粒度。

一中心：以客户为中心

管理者在梳理业务流程时，必须围绕客户转，瞄准目标客户群体，科学设计业务流程，只有这样，才不会使业务流程脱离实际。管理者一定要知道客户是谁，客户在哪里，我能为客户提供什么价值。管理者只有以客户为中心，才能在确定业务流程时有的放矢。

以企业获取客户资料动作为例，获取的方式有很多种，有的企业用自媒体平台引流，有的企业靠门店加盟，有的企业靠地推电话。如果企业的业务是面向消费者的，客户分布比较广泛，用自媒体这种"四处开花"的方式引流效果会更好；如果企业的业务是面向企业的，客户比较集中，用电话推广则更容易成交。管理者要围绕客户选择合适的业务推广方式。

值得一提的是，有些业务环节的客户不在外部，而在内部。比如行政岗位和人力资源岗位的客户是全体员工。管理者在制定业务流程的各个环节时，要以外部客户为对象。因为管理者如果将对象是内部客户的环节也制定在流程中，会使流程冗长、琐碎，不易于员工执行。

以转化为目的，确定关键节点

梳理业务流程，是为了明确转化路径。当有了客户名单后，销售人员要进行电话约访和上门拜访，与客户进一步接触后对客户进行分类，针对有意向的客户进行二次跟进，促成签单，签单后进行后续服务，完成整个业务流程。电话约访、上门拜访、客户分类、二次跟进、后续服务等这些关键动作最终都指向成交。

阿里巴巴广为流传的销售业务流程"3861"定量法则就是管理者以转化为目的，将业务流程细化为4个关键动作，即销售人员每天要拨打30个有效电话，拜访8个客户，其中必须产生6个有效客户，最终确定1个意向客户。销售人员只要严格按照"3861"定量法则执行业务流程，最后的结果一定不会差。

管理者在确定关键节点时，要使节点与节点之间存在必然的转化关系，围绕结果层层递进，最终指向成交。比如，有的管理者在设计关键环节时会加入第一次拜访、第二次拜访。管理者要注意的是，这两次拜访之间不存在转化关系，因为第一次拜访的目的并不是第二次拜访，而是成交。

以转化率提升为目的，细化颗粒度

很多管理者会有这样的疑问：自己以客户为中心梳理了业务流程，所有的关键动作也都指向成交，但为什么过程还是抓不好，还是没有拿到想要的结果。根本原因在于管理者对业务流程的颗粒度没有进行足够细化，这个动作做了，但是远远没做透。客户拜访了，但是没打动客户，没识别出客户需求，没留下客户信息，从而导致转化率不高。

颗粒度是什么？颗粒度本来是一个胶片成像术语，指显影后，胶片均匀曝光区域颗粒的统计分布。在感光度相同的条件下，颗粒度越细，图像的清晰度就越高。后来颗粒度一词被广泛运用在工作中，颗粒度越粗，表明工作执行方案越笼统，越不利于工作推进；颗粒度越细，表明工作细节越详尽，越有助于问题解决。

管理者可以按照以下三个步骤来细化颗粒度：聚焦需求、拆解问题、细化流程。

- 聚焦需求。管理者要明确客户需求，精准识别问题本质，聚焦核心需求，准确把握工作方向，系统梳理任务清单。
- 拆解问题。管理者要找准问题的"切口"，把大问题分解成小问题。比如，管理者发现 A 类客户少，那么这类客户少的原因是什么？是拜访质量有问题吗？拜访质量出现问题的原因是什么？是电话约访的问题吗？为什么电话约访有问题……
- 细化流程。管理者要根据客户需求和问题对业务流程进行调整，按照从整体到局部、从模糊到清晰、从定性到定量的原则不断细化流程。

管理者看过程数据时，要观察、分析关键业务细节、关键客户细节、关键事件落地情况的数据表现。要对员工的过程进度进行追踪，如线索数量、打电话数量、拜访客户数量等绝对数据是否达标，认筹客户数、一对一签单数等相对数据是否合格等。

看财务数据

财务数据是指企业经营活动中关于财务结果的数据，主要分为三类：第一类是财务报表上的定量数据，如利润表、资产负债表和现金流量表；第二类是经营活动相关数据，如销售量、应收账款、营销费用等；第三类是市场和社会数据，如税率、汇率等。

企业经营者、高层管理者要看懂财务"三表"：现金流量表、资产负债表和利润表。

中基层管理者要重点看与业务相关的财务数据，比如应收账款回款数据、过期账款数据、营销费用、活动费用、利润等。

管理者如何看财务数据？做到"两看"即可。

一看确定性。财务数据务必是真实准确的，不能是预测的数据。以回款数据为例，应收账款回款、过期账款回款等数据信息反映了团队的经营情况。管理者通过看回款数据，可以评估团队成员的回款能力，同时回款数据还可以作为企业经营能力、资金周转能力的一个指标。

二看可比性。财务数据不是孤立存在的，而是与多个要素存在联系，所以管理者一定不能"只见树木，不见森林"。还是以回款数据为例，管理者对销售数据和回款数据进行分析时，要与制定的目标进行比较，从而确定应收账款可收回性，掌握坏账、呆账发生的时间段、比率，据此判断业绩损益情况，为之后的过程管理提供更多有效信息。

管理者看财务数据，不应只看哪一笔业务挣了钱，哪一笔业务花了钱，还要通过资金的流进、流出洞察经营的本质和管理的真相，从而使人、事、资源实现效益最大化。

企业以结果为导向，结果以数字说话。管理者通过看结果数据、过程数据和财务数据，能够看到目标完成进度，了解业务执行细节，掌握团队损益情况，从而更加有的放矢地进行过程管理，确保拿到结果。

挖因由

"抓量四步法"的第二步是挖因由。

顾名思义，管理者不能仅仅停留在表面，要想找到问题的本质，还要一层一层地挖下去。管理者看数据不是目的，找到差距点，找到造成差距的原因，发现隐性问题才是目的。

很多管理者缺乏对根本原因进行分析的意识和方法，看到问题立即着手解决，不去层层挖因由，只是"头痛医头、脚痛医脚"，治标不治本，导致问题反复发生。于是，我们经常看到很多管理者充当着"救火员"的角色，哪里有"火"就奔赴哪里，劳累不堪，但"火"总是救不完，最后只能疲于奔命。

作为管理者，解决问题固然重要，但更重要的是思考问题为什么会产生，问题的根源和本质是什么。比如，面对员工迟到这件事，管理者轻则批评，重则罚款，却很少有管理者思考员工为什么总是迟到，是员工住的地方离办公地点太远，导致通勤时间长，还是员工对考勤制度不满意？管理者只有洞察到问题的本质，才能从根源上解决问题。

管理者挖因由，如同层层剥洋葱，是一个并不轻松的过程，需要刀刃向内，不停地找问题的根本原因。正如鲁迅先生所言："真的勇士，敢于直面惨淡的人生，敢于正视淋漓的鲜血。"

管理者如何挖因由，才能找到问题的本质呢？

三层挖因由法

管理者可以采用"三层挖因由法"，即从物质层面、人员层面和组织机制层面挖因由，如图2-6所示。

挖因由之前，管理者要根据数据看板呈现的事实，将结果和过程分成四个象限，即好结果+好过程、好结果+坏过程、坏结果+坏过程、坏结果+好过程，如图2-7所示。

```
┌─────────────────┐
│    物质层面      │
└─────────────────┘

┌─────────────────┐
│    人员层面      │
└─────────────────┘

┌─────────────────┐
│   组织机制层面    │
└─────────────────┘
```

图 2-6　三层挖因由法

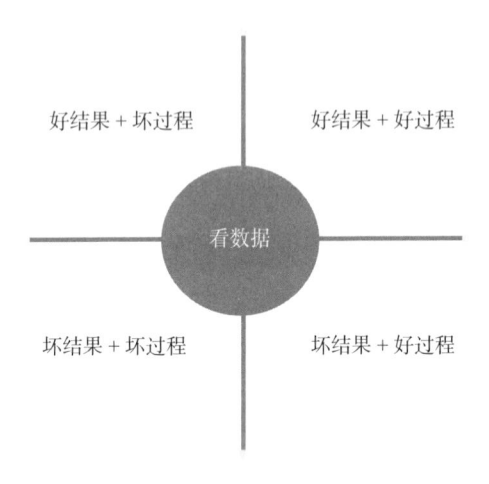

图 2-7　过程和结果四个象限

（四个象限分别为：好结果 + 坏过程、好结果 + 好过程、坏结果 + 坏过程、坏结果 + 好过程，中心为"看数据"）

- 好结果 + 好过程。这是最理想的状态，让优秀员工总结分享成功经验，并在团队内部全面复制。
- 好结果 + 坏过程。对于这种情况管理者需要特别警惕。既然是坏过程，管理者就要找到坏在哪里，还要找到实现好结果的关键因素，透过现象看本质，一定不能"躺在功劳簿上"沾沾自喜。

- 坏结果＋坏过程。过程和结果都不达标，如果是员工意愿问题，管理者要直接棒喝，必要时让员工签绩效改进书。
- 坏结果＋好过程。管理者要确认是否存在过程造假，找到导致坏结果的原因。

管理者从物质、人员、组织机制三个层面挖因由，分别对应管理者理事、管人和统筹的能力。管理者看到结果与预期不符之后，第一步要"理事"，明确为什么会发生坏结果；理清事情之后，第二步要去"管人"，明确谁做错了哪些事，谁该做的事没完成；第三步，管理者要从"统筹"的角度，检查是否对业务流程进行了跟进和负责，决策和工作流程有没有问题，是否对流程机制设置了标准打法和套路等。

管理者通过"三层挖因由法"，可以界定员工在达成目标的过程中哪个层面出了问题，然后对症下药，找到改进和解决的方法。

比如，某销售团队一直跟进的大客户最终选择与竞争对手合作，该团队错失一个大客户。从物质层面来看，该销售团队跟进大客户的力度不足，没有满足客户的潜在需求。从人员层面来看，负责跟进的销售人员责任心较差，解决客户问题的能力较弱。从组织机制层面来看，企业缺少团队攻坚机制，缺少大客户服务体系。

通过"三层挖因由法"，管理者就能透过表象看到问题的本质，从而在组织机制层面上规范和优化流程，而不是武断地认为是销售人员的能力或者态度不行，然后不断通过换人来解决问题。对企业管理者而言，没有识别出真正的原因就盲目地给出解决方案，是对团队的极大损耗。

五问挖因由

管理者通过"三层挖因由法"界定问题之后，接下来，就要针对问题连续问"为什么"，继续向下深挖。挖因由，之所以用"挖"而不是"找"，原因在于问题的本质和根源不是浮在表面上的，不容易被发现，需要不断地从外向内发掘。

管理者可以采用"五问法"挖因由，即针对异常现象连续问五个"为什么"，以找到问题的本质和根源，如图2-8所示。

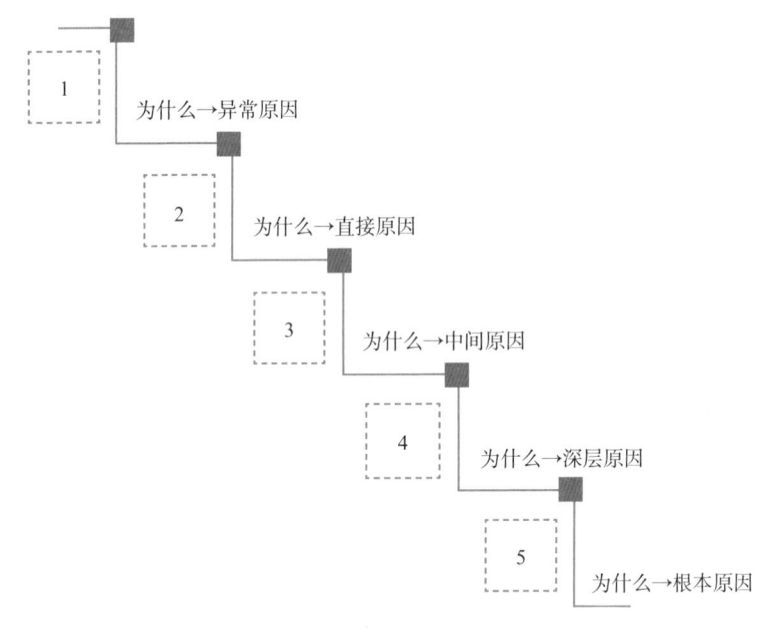

```
1  为什么→异常原因
 2  为什么→直接原因
  3  为什么→中间原因
   4  为什么→深层原因
    5  为什么→根本原因
```

图2-8 五问法

"五问法"中的"五"只是代指，实际使用时可以不必限制于五次，管理者有时需要提问十几次"为什么"，有时只需要提问两三次"为什么"。

"五问法"最早由丰田集团创始人丰田佐吉提出，之后成为丰田生产系统入门课程的组成部分。丰田集团的设计师大野耐一认为"五问法"使"问题的本质及其解决办法随即显而易见"。

大野耐一曾举了一个例子以说明如何找出机器停止运转的真正原因。

一问：机器为什么停止运转？

答案：因为机器超载，保险丝烧断了。

二问：机器为什么会超载？

答案：因为轴承润滑不足。

三问：轴承为什么会润滑不足？

答案：因为润滑泵失灵了。

四问：润滑泵为什么会失灵？

答案：因为轮轴耗损了。

五问：润滑泵的轮轴为什么会耗损？

答案：因为里面有杂质。

通过五次追问为什么，大野耐一找到了机器停机的根本原因：润滑泵里有杂质。如何解决？在润滑泵上装滤网。如果大野耐一没有追问五次，而是停留在造成机器停机的直接原因上，他提出的解决办法可能就是将烧坏的保险丝换掉，但这样的解决方法治标不治本，因为真正的问题并没有得到解决。

"五问法"的关键是鼓励解决问题的人避开主观或自负的假设和逻辑陷阱，从结果着手，沿着因果关系链条，顺藤摸瓜，直至找出问题的根本原因。管理者要有透过现象看本质的能力，要知道问题背后的问题，打破砂锅问到底。

一座冰山，浮在冰面上的只是很小的一部分，更大的部分隐藏在冰面之下。如同每天发生的许多事情，彼此之间看似没有关系，但顺着冰山往下探寻，就能看到趋势或发展的脉络。比如，一个项目开发失败后，往往会影响下一个项目的启动；如果开会总是有人迟到，想要准时开会就会越来越难……

出现问题后，管理者要不断地追问，不断地挖因由，透过现象看本质，看清问题背后的问题，找到真正的问题。只有找到问题的根源，才能精准发力，从"蒙着打"变成"瞄着打"。很多时候，决定一家企业、一个团队能否走得长远的不是成败，而是不知道为什么成功，也不知道为什么失败，知其然，而不知其所以然，是成功路上最大的绊脚石。

补差距

"抓量四步法"的第三步是补差距。

管理者通过看数据、挖因由，发现与预定目标的差距之后，就要针对性地补差距。什么是补差距？

补差距就是查缺补漏，针对差距制订改进方案和措施，缺量补量，缺状态调整状态，缺技能提升技能，通过弥补差距，使员工回到拿结果的正轨上。

管理者如何补差距？

牢记一原则：先补量，后补质；使用一工具：日报。

一原则：先补量，后补质

管理者在补差距时，通常会遇到一个问题：当员工的数量和质量双双不达标的时候，应该先补质量还是先补数量？

我给出的答案是：先补数量，后补质量。

质量不达标反映的往往是技能不足，而补足技能需要时间，不可能一蹴而就。相比质量，数量可以在短时间内补足。在工作中，很多时候质量不达标，往往是因为数量不够。当数量达到一定量级之后，自然会有质量上的提升。

管理者如何补量？以销售场景为例，如果销售业绩没有达到目标，管理者可通过以下"五补"进行补量。

- 方法一：补策略。营销需要策略的指导，如果销售业绩与预期目标有落差，管理者就要及时调整策略，策划新的推广活动，出台力度更大的优惠政策，为营销渠道赋能，采用多种策略，形成组合拳。
- 方法二：补资源。管理者可以增加营销预算、提成和奖金，从物质上促使销售人员有更大的动力去达成目标。
- 方法三：补工作量。为了打赢一场销售战役，管理者可以在战役前适当增加员工的工作时长，增加客户拜访量、电话邀约量，扩大客户池。

- 方法四：补客单价。管理者可以通过捆绑销售、了解大客户客情等方式，提高客单价，从而提升销售额。
- 方法五：补产品产能。管理者可以提高单位时间内产品的生产能力，通过提高能效降低成本，增加利润。

"敲黑板"：补差距时，管理者要围绕月的周、周的日，先补数量，后补质量，形成正反馈闭环。

一工具：日报

补差距不是一蹴而就的，同样也有诀窍，我在多年的管理实践中发现补差距最好的工具就是日报。

日报是过程的"照妖镜"

懒惰是人的天性，很少有员工能在自我驱动下不折不扣地完成工作目标。一个团队少则几人，多则几十人、上百人，管理者很难关注到每一个团队成员。团队成员通过日报，把每天的拜访客户记录、跟进客户记录、拜访当天存在的不足以及下一次拜访和跟进时的策略详细地写下来，既是对自己工作的总结和复盘，也能使管理者了解自己的工作情况和状态。

写日报不是形式主义，而是为了日事日毕。

写日报这件事看似简单，实则不易。有的员工觉得工作日常而琐碎，没什么可写；有的员工觉得工作任务本身很繁重，写日报浪费时间和精力，不想写；有的员工则把日报写成了流水账，事无巨细，把一些车轱辘话翻来覆去地写，没有重点，没有总结。

很多管理者对待日报的态度也是听之任之，没有足够重视起来。其实，日报是过程的照妖镜，可以清楚地"照"出哪些员工在认真工作，哪些员工在浑水摸鱼。同时，日报不仅能让员工及时总结、反思自己当天的工作，而且可以让管理者及时根据日报反映的情况给员工提供相应的建议和解决方案。

管理者要想落实好员工的日报，可以参考"黄金圈法则"，从"为什么"开始，由内向外进行思考，如图2-9所示。

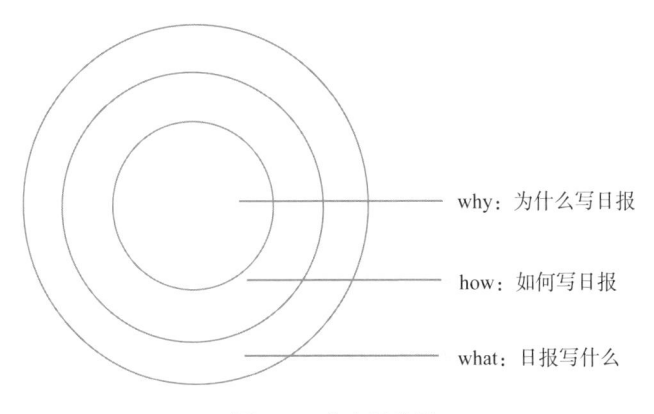

why：为什么写日报
how：如何写日报
what：日报写什么

图 2-9　黄金圈法则

为什么写日报？相较于周报、月报，日报是事前管理的最好抓手。通过日报，管理者可以了解员工的状态和团队的氛围，及时给出反馈意见，及时提供帮助；员工可以通过每日总结查漏补缺，思考如何把工作做得更好，沉淀经验和方法，同时还可以及时反馈自己遇到的困难，从而得到帮助。

日报要用数字说话

怎样才能写出一份有意义、有价值的日报？管理者要告诉员工写日报的正确方法。大家可以参考阿里巴巴的日报写作模板，如图2-10所示。

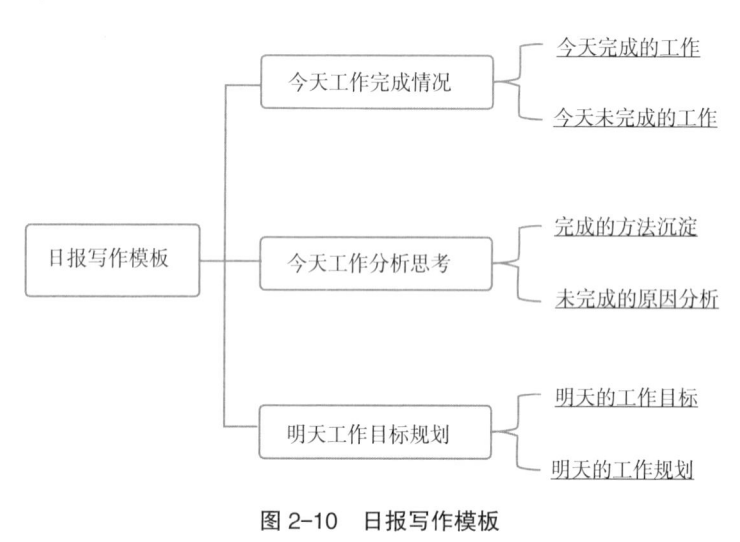

```
                        ┌── 今天完成的工作
         ┌─ 今天工作完成情况 ─┤
         │              └── 今天未完成的工作
         │
         │              ┌── 完成的方法沉淀
日报写作模板 ─┼─ 今天工作分析思考 ─┤
         │              └── 未完成的原因分析
         │
         │              ┌── 明天的工作目标
         └─ 明天工作目标规划 ─┤
                        └── 明天的工作规划
```

图2-10　日报写作模板

日报作为补差距最好的工具，是管理者管理思路的体现。管理者可以根据企业或者团队的业务制定更加有针对性的日报模板，不断摸索、改进，使日报在目标达成过程中发挥更大的作用。管理者如果落实不好日报，在这方面有所缺失，可以阅读我的另一本书《阿里巴巴基本动作：管理者必须修炼的24个基本动作》，补齐这方面的管理短板。

做迭代

"抓量四步法"的第四步是做迭代。

达尔文在《进化论》一书中写道："能够生存下来的物种，并不是那些最强壮的，也不是那些最聪明的，而是那些对变化做出快速反应的。"伟大的产品如微信，从诞生到现在，经历了几百次迭代。没有哪一款产品是天生伟大的，没有哪一项业务流程和机制是没有瑕疵的。管理者要做的不是一步到位，而是迭代，小步快跑。

管理者要针对挖因由识别出来的真问题，不断地尝试，不断地迭代，不断地改进和优化业务流程、部门协同机制、奖励激励机制，使业务流程、知识工具库和销售工具库不断更新与完善，从本质上优化业务流程和管理动作。

管理者要迭代什么？如何迭代？

三迭代：工具、知识和机制

管理者要想抓好量，需要做好"三迭代"，分别是工具、知识和机制。

工欲善其事，必先利其器。没有完美的管理工具，只有不断迭代的工具。管理者要想使管理事半功倍，要不断进行工具迭代，比如，企业使用较多的CRM（客户关系管理）系统、管理报表、策略分析表等要与时俱进，根据业务开展情况不断更新迭代，以满足不断变化的市场需求。

管理者在迭代工具库的同时，也要不断更新知识库。现代社会，知识更新换代的速度非常快，不管是管理者还是员工，都要保持学习的心态。管理者要把日常容易出现的问题沉淀在知识库里，这样下次遇到同样的问题时就有了可供参考的答案。管理者要记住一句话：只要不重来就是快，只要可沉淀就是多。

除了工具库和知识库要更新迭代之外，机制也要不断迭代。机制不是一成不变的，管理者要摒弃不好的、不适合企业和团队成长的机制，迭代出更好的机制。比如，我们每个月要开月启动会，每周要开周会，每天要开早会和晚会，这是经过时间和结果检验后行之有效的一套机制。

我们可以通过开月启动会鼓舞团队士气，使团队成员激情满满地开启新的一个月；通过开周会对一周业务情况进行细致的梳理，用结果检验过程；通过每天开早会激发团队活力，每天开晚会"抚平拔尖"。

通过这样的机制，管理者和员工都能有所收获，有所成长，这样的机制就是好机制。但是，有的管理者是为了开会而开会，会议没有重点，员工没有收获，浪费所有人的时间和精力。类似这样无用的机制，管理者一定要进行迭代。

迭代模型：行动 KISS 模型

不管机制如何迭代，最后都要落到行动上。关于如何行动，管理者可以参考行动 KISS 模型。行动 KISS 模型指的是继续做、改进做、开始做和停止做的事。

- K（keep）：指继续做的事情。做得好的事情、达到预期的事情、有结果的事情、对结果有正面作用的事情，都是需要继续做下去的，最好在做的过程中形成可复制的经验。
- I（improve）：指需要改进的事情。现阶段做得不太好的地方、有改进空间的地方、有需要调整的地方，就需要立刻着手优化改进。
- S（start）：指开始做的事情。新的任务、新的方向需要或者应该做的事，就要立刻开始做。
- S（stop）：指停止做的事情。比如，动作错误的、偏离目标的、没有结果的事情，不要纠结和犹豫，要立刻停下来，按下终止键。

管理者通过行动 KISS 模型，可以把每一项任务都落到具体的行动步骤、时间、达成标准上，最终落到需要的支持和责任人上，形成一个完整的闭环。

到此为止，关于管理者通过看数据、挖因由、补差距和做迭代抓量的内容就结束了。我们再来回顾一下，看数据要看结果数据、过程数据和财务数据；对通过数据呈现的事实，进行层层挖因由，过程中做得好的要形成可沉淀和复制的经验，过程中做得不好的要找到问题的本质；通过挖因由找到差距点后，接下来要针对性地补差距，量不够加量，技能不够提技能，状态不好则调整状态；补差距补的是短期差距，要想让企业实现长期发展，管理者还需要在工具、知识、机制等方面进行更新迭代。

管理者只有抓好量，才能看清业务细节，通过量的积累实现质的飞跃，进而达成目标，拿到结果。

抓量工具

看结果、过程、财务等关键数据，可以使用业务数据看板，如表 2-1 所示。

表 2-1 业务数据看板

整车销售		财务数据 回款数（单位：辆）		结果数据 定金成交数（单位：辆）		新增A类意向客户（单位：个）		过程数据 客户拜访（单位：个）		沙龙活动（单位：个）	
		目标	完成	目标	完成	目标	完成	目标	完成	目标	完成
月进度		14	10	12	7	24	15	160	92	5	4
周进度	周	目标	完成	目标	完成	目标	完成	目标	完成	目标	完成
	一	2	2	2	0	4	3	16	14	0	0
	二	3	1	3	3	4	8	48	52	1	1
	三	6	7	3	4	9	4	48	26	2	0
	四	3		4		7		48		2	
	小计	14		12		24		160		5	
××峰	周	目标	完成	目标	完成	目标	完成	目标	完成	目标	完成
	一	2	2	1	0	1	1	8	2	0	0
	二	2	0	1	1	2	3	24	26	0	0
	三	4	5	2	2	5		24	18	1	0
	四	1		2		4		24		1	
	小计	9		6		12		80		2	
××飞	周	目标	完成	目标	完成	目标	完成	目标	完成	目标	完成
	一	0	0	1	0	3	2	8	12	0	0
	二	1	1	2	2	2	5	24	25	1	1
	三	2	2	1	2	4	3	24	8	1	0
	四	2		2		3		24		1	
	小计	5		6		12		80		3	

看关键事件落地情况，可以使用甘特图，可参考图 1-16 所示。

看关键渠道，可以使用意向渠道盘点分析表，如表 2-2 所示。

表 2-2 意向渠道盘点分析表

意向渠道盘点表												
本月开发数量目标	客户名称	客户类型	行业	渠道来源	基本情况描述				当前跟进状态	关键卡点	痒点	策略	预计成交时间	资源支持
					行业认可度	资源匹配度	资金实力	团队实力						

抓量练习

一、请你设计符合企业业务模式的数据看板。

二、请你针对数据看板的数据进行挖因由。

三、请你分别根据量、技能、状态制定补差距策略。

四、请你根据行动 KISS 模型制定迭代策略。

抓技能：成人达己，让员工干好

抓过程的第二个抓手是抓技能。

在过程管理中，量决定团队成员做了多少事，技能决定多少事能够做成。团队的技能越高，拿到的结果就越好。

以销售团队为例，量决定了团队成员能开发出多少新客户，技能决定了新客户的转化率。从获取客户信息到最终签单，关键在于转化率。团队成员的技能水平越高，转化率越高，成交率越高，拿到的结果就越好。

一个能拿到结果的团队，团队成员不仅要能干，还要干好，团队成员能不能干、能不能干好，与技能直接相关。

我们在服务企业的过程中，经常听到一些管理者抱怨团队管理面临诸多困难：

- 员工执行力不足，推一下动一下；
- 员工工作中总是出错，没有哪一项工作能让人省心；
- 员工工作态度端正，能吃苦，听指挥，但工作总是做不好，拿不到结果……

如果你也遇到过类似情况，那么问题可能不是出在员工身上，而是出在你自己身上。作为管理者，你需要审视自己：是不是招错了人？是不是没有抓好员工的技能培养？

什么是技能？技能是指一个人在工作岗位、特定领域或专业方面所掌握的知识、技巧、经验和能力。一个人的技能是可以通过学习、实践、培训、辅导等方式获取和提升的。站在管理的角度来看，"抓技能"就是培养人。

《三国演义》中，诸葛亮上知天文、下知地理，军事才能首屈一指，他是一名好军师。刘备在世时，有关羽、张飞、赵云、马超、黄忠五员大将，但刘备去世后，却出现"蜀中无大将"的局面。为什么会这样？因为诸葛亮不善于培养人，军中事务不分大小都要亲自过问，甚至连打士兵二十大板这类小事都要亲自监督。有一次，诸葛亮派下属马谡出征做先锋，但他不信任马谡的能力，要求在前方征战的马谡把战场上的排兵布阵图送回来给他审查。

《孙子兵法》有云："故善战者，求之于势，不责于人，故能择人而任势。"真正善于用兵的人，会寻求有利局势，而不是对下属吹毛求疵，同时会为下属创造发展的机会。诸葛亮的事必躬亲、殚精竭虑，其实是扼杀了下属发展和进步的空间。

大树底下不长草。如果管理者太能干，事事亲力亲为，时时充当"救火员"，不懂得抓技能，那么久而久之，团队成员会成为庸才。管理者应是为团队成员提供养料、水分、阳光的"大树"，而非遮风挡雨的"大树"。衡量一个管理者能力的高低，在于他能培养出多少能干的人才。

作为管理者，在你成为管理者之前，成功只与你个人的成长有关；当你成为管理者之后，成功与你团队成员的成长有关。在你成为管理者的那一刻，培养人就成为你的终极使命。管理者要做的只有两件事：拿结果，培养人。通过别人拿结果，通过结果培养人。

阿里巴巴的管理层中流传着一句话："刚开始做管理者时，你可以抱怨你的手下是一群混蛋，如果过了一年你还在抱怨，那么你才是一个真正的浑蛋。"话糙理不糙，这句话强调了培养人才是管理者的首要任务，管理者需要有"成人达己"的胸怀和格局。

管理者要如何抓技能呢？我把抓技能的方法论总结为"十二字诀"，即识技能、构地图、做培训。

识技能

管理者抓技能的第一个动作是识技能。

识技能，就是识别员工的技能问题。员工的技能水平体现在整个工作过程的每一个环节中。管理者通过看数据、挖因由，可以识别出员工的技能问题。

以我曾服务过的一家汽车企业为例，来分享管理者如何识技能。

表2-3是这家汽车企业关于整车销售的月数据看板。其中，定金成交数属于结果数据，新增A类意向客户量、客户拜访量和沙龙活动量属于过程数据，回款数属于财务数据。以第二周为例，我们可以看到，过程数据全部达标，而结果数据不达标，

呈现出"好过程+坏结果"的情况。

表 2-3 某汽车企业关于整车销售的月数据看板

整车销售		回款数（单位：辆）		定金成交数（单位：辆）		新增A类意向客户（单位：个）		客户拜访（单位：个）		沙龙活动（单位：个）	
		目标	完成	目标	完成	目标	完成	目标	完成	目标	完成
月进度		14	10	12	7	24	15	160	92	5	4
周进度	周	目标	完成	目标	完成	目标	完成	目标	完成	目标	完成
	一	2	2	2	0	4	3	16	14	0	0
	二	3	1	3	2	4	8	48	52	1	1
	三	6	7	3	4	9	4	48	26	2	0
	四	3		4		7		48		2	
	小计	14		12		24		160		5	
××峰	周	目标	完成	目标	完成	目标	完成	目标	完成	目标	完成
	一	2	2	1	0	1	1	8	2	0	0
	二	2	0	1	2	2	3	24	26	1	1
	三	4	5	2	2	5	1	24	18	1	0
	四	1		2		4		24		1	
	小计	9		6		12		80		2	
××飞	周	目标	完成	目标	完成	目标	完成	目标	完成	目标	完成
	一	0	0	1	0	3	2	8	12	0	0
	二	1	1	2	1	2	5	24	25	1	1
	三	2	2	1	2	4	3	24	8	1	0
	四	2		2		3		24		1	
	小计	5		6		12		80		3	

看结果数据：未达成
看过程数据：全部达成
看结果数据：未达成
看过程数据：未全部达成

通过看数据，我们明确了差距所在：过程量（即新增A类意向客户量、客户拜访量和沙龙活动量）达标，但业绩结果量（即定金成交数）不达标。我们可以看到过程量达标，但结果不达标，问题出在过程"质"不达标。过程"质"不达标，是客观环境所致，还是技能出了问题？这就需要管理者进一步识别。

管理者在识别技能问题时，要采用"三层挖因由法"，从物质层面、人员层面和组织机制层面不断地深挖因由，找到问题的本质。

首先，从物质层面来看，因为意向客户量、客户拜访量和活动量达标了，但成交数并没有达标，说明过程数据的质量不达标。管理者可以提出以下五个问题。

- 客户画像是否准确？
- 客户的成交意向如何？
- 成交周期是否过长？
- 销售人员有没有解决意向客户的疑难点，如价格、配送、售后、产品质量等？
- 客户行为有没有受到外部市场环境的影响？

以上五个问题中，销售人员在解决意向客户疑难点方面的技能问题，就是管理者需要识别的关键所在。

其次，从人员层面来看，管理者可以针对销售人员提出以下五个问题。

- 销售人员寻找精准意向客户的技能如何？
- 销售人员解决客户疑难问题的技能如何？
- 销售人员跟进客户的节奏、频次如何？

- 销售人员个人状态如何？
- 销售人员对销售提成制度有无意见？

在这五个问题中，销售人员寻找精准意向客户的技能不足，解决客户疑难问题的技能不足，跟进客户的节奏、频次有问题，是管理者需要识别的技能问题。

最后，从组织机制层面来看，管理者可以提出以下五个问题。

- 销售部是否针对精准意向客户开发形成标准化流程或可复制的方法？
- 销售部是否针对客户成交配备了足够的优惠政策、产品方案、客户成功案例、销售工具？
- 企业是否缺少清晰的奖勤罚懒制度，导致销售人员缺少动力？
- 管理者是否及时针对销售人员能力缺失给予培训、沟通、辅导、陪访？
- 管理者是否做到了按周抓过程？

在这五个问题中，销售部没有针对精准意向客户开发形成标准化流程或可复制的方法，没有针对客户成交配备足够的优惠政策、产品方案、客户成功案例、销售工具，管理者没有及时针对销售人员能力缺失给予培训、沟通、辅导等，均是管理者需要识别的技能问题。

管理者要不断地从结果回看过程，直到识别出真正的技能问题，进而针对技能问题提出改进和提升的方案。

构地图

管理者抓技能的第二个动作是构地图。

构地图，就是构建能力地图。管理者构建能力地图能帮助员工更好地执行业务流程，并使业务流程更加精细化。

阿里巴巴有一支团队叫"悍马战队"，战绩不俗。团队里的每个成员在拜访客户的时候资料准备得都很充分，不管客户提出什么样的问题，他们都能提供有力的案例作为佐证。"悍马战队"之所以强，是因为管理者对团队业务流程进行了标准化梳理，构建了团队的能力地图，确保每个团队成员的拜访流程、销售话术、准备的资料等都是最好的，让业务流程标准化、流程化。这就是"悍马战队"不断打胜仗的核心原因所在。

管理者如何构建能力地图？

梳流程

构建能力地图的关键是梳理业务流程，明确"要做什么"及"怎么做"。管理者只有明晰每一项业务流程对应的策略、关键举措、风险、工具、话术、案例等，才能将方法复制给每一个团队成员。

一项清晰的业务流程具备三个特征：超级清晰的路径、超级细化的颗粒度以及"一眼看到底"。如何使业务流程具备这三个特征？管理者可以从以下五个方面着手。

- 关键业务举措：管理者要明确影响业务环节达成的关键业务动作，并针对关键业务动作给出相应的达成措施。
- 业务举措精细化与核心要素识别：管理者要将关键业务环节的动作细化，识别出影响结果的核心要素，将优秀的、可复制的实践经验沉淀下来。
- 资料工具：资料准备要充分且详尽，比如产品手册、客户成功案例、客户诊断表等，一定要提前考虑到可能需要的所有方面，并准备好相应资料。
- 员工能力：在细化流程之后，管理者还要确保员工具备执行业务流程的技能。管理者要在组织机制层面找到案例，明晰每一个销售环节对应的策略、关键举措、风险、工具、话术、案例、竞争对手分析、管理工具等，指导团队生成培训地图。
- 管理动作：管理者要确保业务流程在执行过程中有匹配的管理动作和机制，通过管理机制保障业务流程有效执行。

以阿里巴巴中供铁军的业务流程为例，其分为客户名单搜集、电话沟通、初次拜访、客户跟进、二次拜访、成交与后续服务七个环节。每个环节下还会再细分成40多个业务动作，这些动作体现了业务流程的细节度和颗粒度。

比如，在客户拜访环节，会分解成资料准备、需求了解、客户沟通、倾听互动四个动作。针对资料准备，又细分为不同场景下的动作，如第一次拜访客户资料准备、跟进和关单客户资料准备、10个备选客户拜访资料准备和50个电话过滤客户资料准备等。明确场景后，管理者还要再进一步细化不同场景下的环节，吸取成功的经验，细化环节下的动作，并注明关键动作以及要避免的"坑"，如图2-11所示。

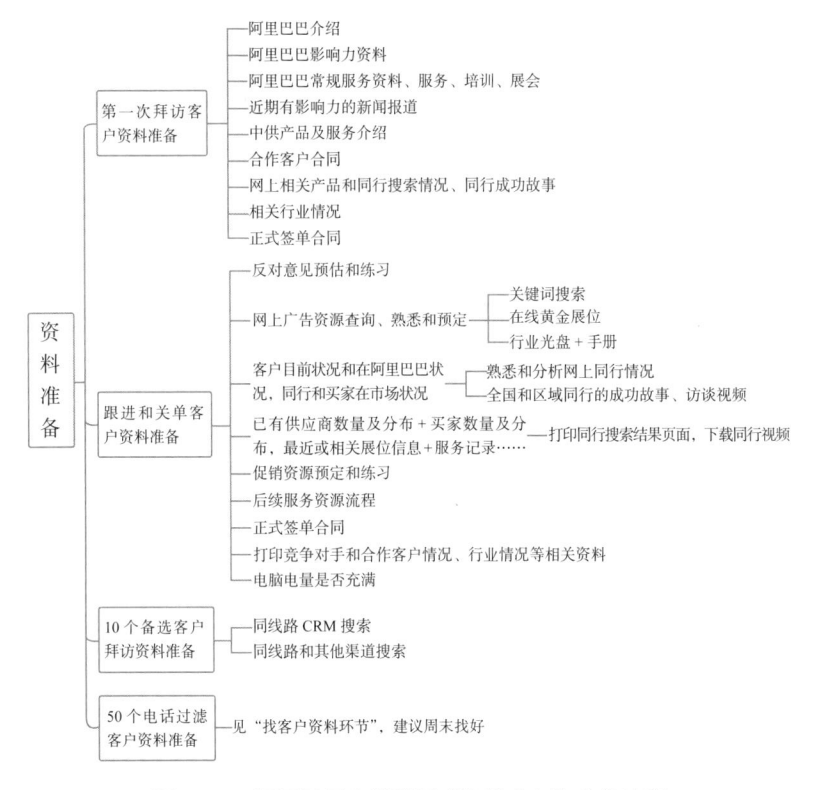

```
资料准备
├── 第一次拜访客户资料准备
│   ├── 阿里巴巴介绍
│   ├── 阿里巴巴影响力资料
│   ├── 阿里巴巴常规服务资料、服务、培训、展会
│   ├── 近期有影响力的新闻报道
│   ├── 中供产品及服务介绍
│   ├── 合作客户合同
│   ├── 网上相关产品和同行搜索情况、同行成功故事
│   ├── 相关行业情况
│   └── 正式签单合同
├── 跟进和关单客户资料准备
│   ├── 反对意见预估和练习
│   ├── 网上广告资源查询、熟悉和预定
│   │   ├── 关键词搜索
│   │   ├── 在线黄金展位
│   │   └── 行业光盘 + 手册
│   ├── 客户目前状况和在阿里巴巴状况，同行和买家在市场状况
│   │   ├── 熟悉和分析网上同行情况
│   │   └── 全国和区域同行的成功故事、访谈视频
│   ├── 已有供应商数量及分布 + 买家数量及分布，最近或相关展位信息 + 服务记录…… ── 打印同行搜索结果页面，下载同行视频
│   ├── 促销资源预定和练习
│   ├── 后续服务资源流程
│   ├── 正式签单合同
│   ├── 打印竞争对手和合作客户情况、行业情况等相关资料
│   └── 电脑电量是否充满
├── 10个备选客户拜访资料准备
│   ├── 同线路 CRM 搜索
│   └── 同线路和其他渠道搜索
└── 50个电话过滤客户资料准备
    └── 见"找客户资料环节"，建议周末找好
```

图2-11 阿里巴巴中供铁军"资料准备"业务流程

通过这些超级细化的流程，团队中的每个成员都会清清楚楚地知道第一次拜访客户和第二次跟进客户时需要准备哪些资料。

围中心

仍然以阿里巴巴中供铁军的业务流程为例，我们可以看到，从尝试触达客户、建立信任、满足客户需求，直至最终成交，每一个环节都紧紧围绕着客户展开，以客户为中心，每一个环节都与转化率紧密相关，如图 2-12 所示。

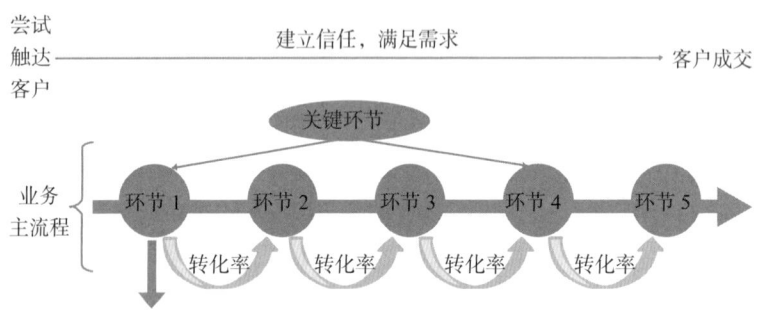

图 2-12　阿里巴巴中供铁军业务流程

标准化

管理者要想让每一次销售都有结果，就要针对销售的每个环节构建标准化、流程化的能力地图，使销售人员拿来能用、用之有效。

以"销售五步法"为例，一个完整的销售过程包括五个步骤：开场白、话天地、入主题、异议处理和缔结合约，如图 2-13 所示。

```
                    销售五步法
        ┌──────┬──────┼──────┬──────┐
      开场白   话天地  入主题  异议处理 缔结合约
```

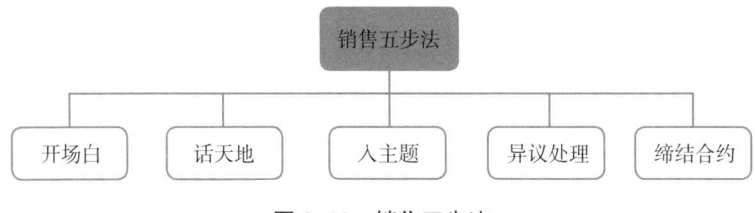

图 2-13　销售五步法

步骤一：开场白。销售人员要先发制人，表述简短有力，在短时间内吸引客户的注意力。

步骤二：话天地。销售人员要和客户打开话匣子，在谈天说地中和客户建立信任关系，同时判断和了解客户的需求与意愿。销售人员在聊天中掌握的客户信息越多，在正式交谈中就越占据主动权。

步骤三：入主题。销售人员要告诉客户自己能做什么，能为他们解决哪些痛点。很多人在这个时候会被"泼冷水"，因为客户一听推销产品就会本能地拒绝，这时就需要进行异议处理。

步骤四：异议处理。销售人员要针对客户的反馈进行针对性的解答。销售人员要分辨异议来自哪里，是来自企业、产品还是来自沟通。如果是企业的问题，可以用品牌、实力等做背书，增加客户的信任感。如果是产品的问题，销售人员可以再次挖掘客户的需求和意愿，推荐更适合客户的产品。如果是自身沟通的问题，销售人员就要进行复盘反思，争取在下次沟通中不再出现类似的问题。

步骤五：缔结合约。异议得到有效处理后，就进入了最关键的缔结合约阶段，到了所谓"临门一脚"的时刻，销售人员一定要在当下与客户确定合作意向，不要让战线拉长。

学习的最佳方式是在事上磨，在实战中学习实战。管理者一定要结合业务进行实战，鼓励团队成员将所学应用于实际业务，及时总结经验教训，不断优化和迭代，直至拿到满意的结果。这样的学习过程，既能提高团队的业务能力，也有利于员工的个人成长。

做培训

抓技能的第三个动作是做培训。

管理者如何使团队成员青出于蓝而胜于蓝？一个优秀的管理者，需要做到以下三点。

- 找对人：知人善用，用人用长。
- 养好人：在用人的过程中培养人，在培养人的过程中用人。
- 养成人：培养接班人，鼓励员工青出于蓝而胜于蓝。

如何找对人、养好人、养成人？很多管理者首先想到的就是"培训"。但现实情况往往是管理者做了很多培训的动作，却没有起到培养的效果。如何高效培训是许多管理者面临的一个重要课题。要想真正提升员工的技能水平，仅依靠一次或两次短暂的培训远远不够。管理者需要搭建完整的培训体系，使培训成为一种机制，成为员工的底层习惯。

新西兰全黑队是历史上最成功的橄榄球国家队，在600多场比赛中，胜率高达77.41%，这样的战绩前无古人后无来者。这支持续打硬仗、打胜仗的军团从来不去追求一次性的成功，而是关注改进和发展的长期计划，通过持续的高强度训练制胜。全黑队的管理指南中写道："在商界，培训通常被视为一种轻松的选择，仅限于偶尔的休假日。然而，有效的培训应该是紧张的、有规律的和重复的。要想取得世界级的成果，培训应该是文化的核心。"

管理学大师松下幸之助说："打败竞争对手最有效的手段就是比对手学得更快。培训很贵，但不培训更贵。"让团队中的每一个人都能得到快速成长，是管理者必须要做的事情。管理者识别技能问题，构建能力地图之后，便要搭建完整的培训体系，通过培训让团队成员看到技能等于结果。如果出现的问题是共性的问题，管理者就要通过培训来解决；如果是某个团队成员的问题，管理者就要进行一对一的辅导。同时，管理者也应该关注内部分享，使团队成员通过相互分享和学习取得成长和进步。

提到培训，很多管理者首先想到的就是向外界求援。美团前首席运营官干嘉伟曾说过，早启动、晚分享是真正靠谱的培训。每天下班前，管理者把团队成员聚集在一起，让每个人分享一个亮点和一个改进的措施，这种方法比任何培训都好。培训不必向外求，向内求同样可以使团队成员成长和进步。

培训三"坑"

很多管理者做不好培训，大概率是遇到了培训的三个"坑"，导致培训效果不佳。这三个"坑"分别是不成体系、不切实际、没有结果。

第一个"坑"：不成体系

不成体系的培训对企业发展、团队提升及员工技能的提升作用有限。很多管理者把培训当成救命稻草，只要团队成员技能出了问题，就寄希望于培训，希望通过培训来迅速提升团队成员的技能，起到立竿见影的效果。这是典型的"一口想吃成个胖子"。

培训不应该是管理者想做时才做，应该成为一项系统且完整的体系，成为团队日常工作的一部分。一项系统且完整的培训体系通常包括五大组成部分：培训组织体系、培训队伍体系、培训课程体系、培训教材体系、培训管理体系，这五部分缺一不可。

第二个"坑"：不切实际

很多企业将培训视为劳民伤财的代名词。管理者花大价钱请了名师、专家对员工进行培训，但最后收效甚微，员工能学以致用的内容少之又少，企业投入培训的钱打了水漂。同时，员工对培训也有抵触心理，认为培训既浪费时间又学不到东西，不过是在"走过场"。

出现这种情况的根本原因是培训内容不切实际。培训效果好不好，与培训频率无关，与培训内容有关。要想使培训内容贴合实际，培训时就不能只讲理论知识而忽略实践，培训一定要围绕解决实际问题展开。

第三个"坑"：没有结果

很多管理者将重心放在组织培训上，认为一场培训活动结束就意味着培训工作结束了，没有进行培训后的总结与跟踪，导致培训效果难以衡量。

一项系统且完整的培训体系，分为培训前、培训中和培训后三个阶段，后续的跟踪总结工作也很重要，是检验培训效果的"试金石"。因此，管理者在培训结束后，应通过让员工撰写培训总结、分享收获，以及组织针对培训内容的考试等方式，使培训内容形成可重复使用的经验和方法论。

培训五狂法

作为管理者，在跨越培训的三大"坑"后，要想使培训有效果，还要掌握相应的方法。针对搭建培训体系，我和大家分享一下阿里巴巴的"培训五狂法"：狂跑、狂问、狂总结、狂训练、狂分享，如图 2-14 所示。

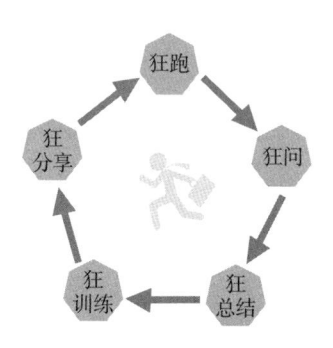

图 2-14 培训五狂法

狂跑

这里的跑代表拜访客户。要想做成一件事，勤奋往往比聪明更重要。作为销售人员，一定不能在办公室里坐等客户上门，应该走出去，拜访更多客户，亲临现场，提高业绩。只有拜访足够多的客户，才能在实战中习得技能和积累经验。

销售人员如果不去拜访客户，即使平时接受再多的培训与辅导，也都是徒劳。就像我们学游泳一样，掌握了很多理论，学了很多动作，但如果一直不下水练习，就永远学不会游泳。战士只有到了战场上，才能真真正正地成为一名战士。员工通过狂跑，可以把量积累起来，同时不断提升技能，在流程保障中通过结果验证过程习惯，形成正反馈闭环，从量变到质变。

狂问

华为创始人任正非曾说："我要的是成功，面子是虚的，不能当饭吃，面子是给狗吃的。"管理者一定要鼓励员工提问，天下没有不好的问题，只有不好的回答。

员工提问的对象可以是管理者，也可以是客户。无论是在日常工作中还是拜访客户时，遇到不明白、不了解的问题，一定要毫不犹豫地提出来。主动发现问题，积极探寻答案，好过被动地等待他人的指导。善于提出问题的员工，一定是一个学习力很强的人。

狂总结

曾子曰："吾日三省吾身。"我们要每日进行反思，每日进行总结，既要总结好的经验，也要总结坏的经验，通过复盘形成可复制的经验，以便在未来再遇到类似的情况时有应对之策。不重来就是快，可沉淀就是多。

管理者在过程管理中要用时间驱动，每天要做什么，每月要做什么，每周要做什么，都要尽量固定下来。同时，管理者要培养员工写总结的习惯，日事日毕，每天撰写一份日报，通过日报去深度思考和总结。

狂训练

一个人的基本功是否扎实，取决于是否坚持训练。重复精进，长期训练，时间自有答案。所有的神枪手都是子弹喂出来的。

当管理者发现员工技能有问题时，要亲自教导，深刻犀利地点评，通过言传身教使员工掌握必备的技能。当员工不清楚拜访客户的流程时，管理者要进行陪访，通过陪练加陪访，使员工在实战中检验自己的能力。

狂分享

教学相长。不管是管理者还是员工，都要乐于分享成功的经验和失败的教训。每一次分享都是一次成长，越分享越成长。你有一个苹果，我有一个苹果，互换一下，每人还是只有一个苹果；你有一个思想，我有一个思想，互换一下，我们就会有两个甚至更多的思想。

分享可以使团队中 20% 的优秀员工的 80% 能力，成为整个团队的共同能力。团队整体能力提高，是确保团队拿到结果的捷径。

"培训五狂法"的每个步骤都不难，难的是"狂热"，难的是坚持，难的是激情。

辅导双陪法

许多管理者会产生一个疑问：辅导不就是培训吗？实则不然。辅导和培训虽然在一定程度上存在相同之处，但仍有较大差异。

"培训五狂法"可以解决培训团队成员集体性的问题，赋予他们基本的工作能力。但如果团队成员出现的是个性化的问题，管理者就需要进行一对一的辅导，助力员工成长。

辅导有很多种形式，最常见的有两种形式，我称之为辅导双陪法：陪练和陪访。这两种辅导形式都是基于真实场景的演练或者面谈。

陪练

优秀的神枪手都是通过不断练习射击成长起来的，同样，成熟老练的员工也都是通过陪练与实战成长起来的。

管理者要陪同员工进行实战模拟，发现员工存在的问题，并讨论解决问题的方法。演练结束后，管理者要进行点评，指出员工的优缺点，并提出改进意见。

管理者如何进行陪练？我将方法总结为"陪练三部曲"：计划、过程和结果，如图 2-15 所示。

- 计划：管理者要将陪练时间和陪练对象列入计划，不打无准备之仗。陪练不是一时兴起，要有计划、有步骤地执行。在准备模拟实战时，管理者要设置一个尽量真实的训练场景，确保充足的准备和安静的演练环境。

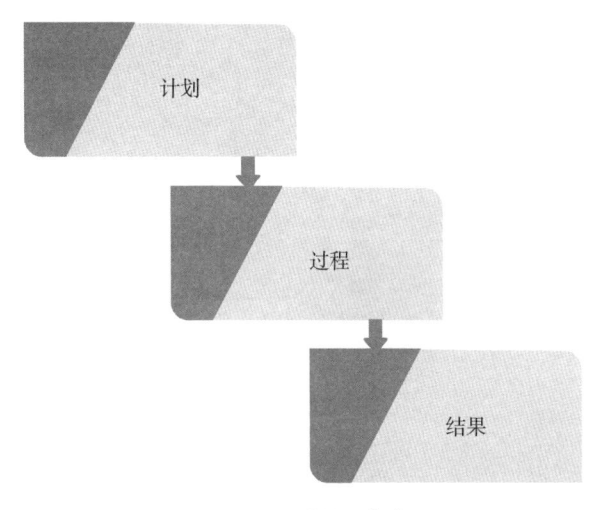

图 2-15　陪练三部曲

- 过程：在一对一场景化演练过程中，管理者要明确自己的角色，既是陪练者，又是教练。管理者除了陪练，还要对员工在演练过程中暴露出来的问题进行点评。为了更好地发现问题，在陪练过程中，管理者可以让员工互相点评，彼此启发。在演练过程中，管理者和员工要真正融入场景和角色，不放过任何一个细节。
- 结果：陪练结束后要进行总结和跟进，并将在陪练中习得的技能运用到实战中，在实战中检验技能。

陪访

陪访是指管理者陪同员工拜访客户。在陪访过程中，管理者要及时发现被陪访员工的问题，并帮助他们解决问题。

管理者如何进行陪访？我将方法总结为"陪访三部曲"：准

备、过程和复盘，如图 2-16 所示。

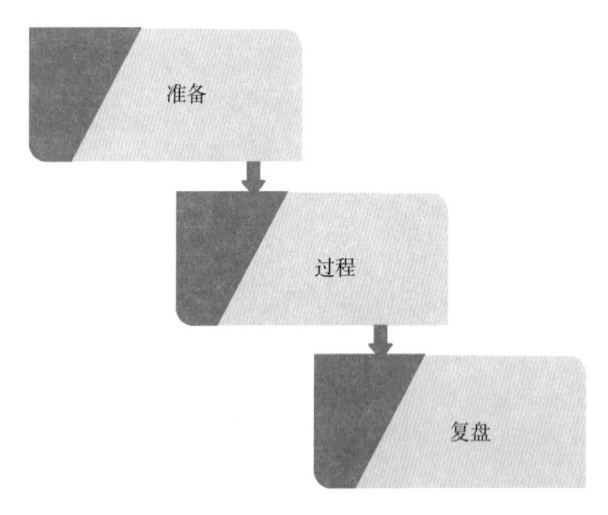

图 2-16 陪访三部曲

- 准备。在拜访客户前，管理者要和员工对目标达成四个共识：行程安排共识、客户背景共识、客户区域共识和辅导目标共识。
- 过程。在陪访过程中，管理者要观察员工表现，发现问题并给予指导。同时，管理者要关注进展，适时地参与谈判或提供支持。
- 复盘。陪访结束后，管理者要与员工进行总结和反思，分析过程中的问题，并提出改进措施，以便下次拜访能够取得更好的效果。

在阿里巴巴，管理者在陪同员工拜访客户时要遵循十六字指导方针：我做你看，我说你听，你做我看，你说我听。

如果员工没有单独拜访过客户，管理者要先俯下身来实实在在地做，让员工观察自己与客户沟通的方式，并将自己积累的经验毫无保留地传授给员工，以起到示范作用。这便是"我做你看，我说你听"的阶段。

当员工掌握了拜访技巧后，管理者要让员工在实践中接受检验，亲自拜访客户。在此过程中，管理者的角色转变为观察者和倾听者。通过"你做我看，你说我听"的方式，管理者判断员工做得对不对、说得好不好，评估员工的表现，指出不足，肯定优点，提出改进建议。

管理者在辅导员工时，可以遵循十六字指导方针，使员工快速成长，不断突破自我。

需要注意的是，陪访并非一次或两次就能见效，管理者应持续陪访。前期陪访，管理者主要抓的是员工拜访客户的思路和方法；后期陪访，管理者主要抓的是员工的细节和习惯。

抓技能工具

表 2-4 业务流程精细化工具

业务板块	客户开发截点：客户初接触成功	客户成交截点：客户付费/合同签约			客户回款/续购截点：客户回款成功或续购	
业务流程	环节 1	环节 2	环节 3	环节 4	环节 5	环节 6
关键业务举措						
业务举措精细化/核心要素识别						
工具资料						
员工能力						
管理动作						
底层保障：状态（员工/管理者/团队状态）						

抓技能练习

一、请你识别团队存在的技能问题。
二、请你根据业务流程，从关键业务举措、业务举措精细化、资料工具、员工能力、管理动作五个方面构建能力地图。
三、请你对照"培训五狂法"和"辅导双陪法"对培训方法进行升级。

抓状态：激活"心"，让员工想干

抓过程的第三个抓手是抓状态。

一个人拥有良好的状态，既是个人幸福的重要标准，也是在工作中拿到结果的重要保证。"想干"是"能干"和"干好"的前提。如果一个员工不想干，即使有再强大的技能，也干不好。

在过程管理中，管理者往往会忽视员工状态对拿结果的重要性。试想一下，在相同的装备和士兵数量下，一支充满战斗激情、气势磅礴的队伍与一支颓废消沉的队伍相遇，哪一支队伍更有可能取得胜利？

答案不言而喻。好状态，是拿结果的基石；好状态，让技能的提升变成一种内在自驱；好状态，让过程量在日日精进中得以自动落地；好状态，让目标深植于内心，使结果得以实现。

亚马逊作为一家成立近30年的企业，在自身体量和业务量剧增之下，依然保持着活力。亚马逊成功的秘诀是什么？是亚马逊创始人杰夫·贝佐斯提倡的"Day 1（创业第一天）"精神。其背后的逻辑是成功之后要有归零的心态，重新回到创业第一天时的状态，并积极寻找下一个创新点。

人生永远都是第一天。管理者要使自己和员工不断以最佳的状态拥抱新的挑战。

我无论是在阿里巴巴带团队，还是如今创业带团队，只要员工满面愁容地工作，我就猜想他今天可能在工作中遇到了困难。我不会坐视不管，而是会主动开导他，鼓励他，使他先解决情绪上的问题，再解决工作上的问题。

管理者如何激发员工状态？我将方法总结为六字诀，即识状态、提状态。

识状态

管理者抓状态的第一个动作是识状态。

所谓"识状态"，是指管理者要有"火眼金睛"，及时识别出员工的状态情况。

如何识别员工状态？

识别员工状态的核心方法论是"闻味道"，这是阿里巴巴特有的管理方法。每个人都有自己独特的味道和气场，管理者要有灵敏的嗅觉，不断提高对味道的敏感度和判断力，从而准确地感知团队的状态，把控和识别团队的味道，识别团队成员是否志同道合。知人善任是管理者成事的必要条件。

管理者在"闻味道"之前，自己要散发味道。稻盛和夫认为，管理者的行为、态度和姿态必须像野火一样扩散到整个团队，团队是照射管理者的一面镜子。管理者要成为"在旋涡中心工作的人"，通过自己强大的气场，使周围产生上升的气流，积极地将团队成员裹挟进去，带动他们投入工作中去。管理者要先点燃自己，才能点燃员工。

管理者如何"闻味道"？管理者可以通过"望""闻""问""切"来识别团队成员的状态，如图2-17所示。

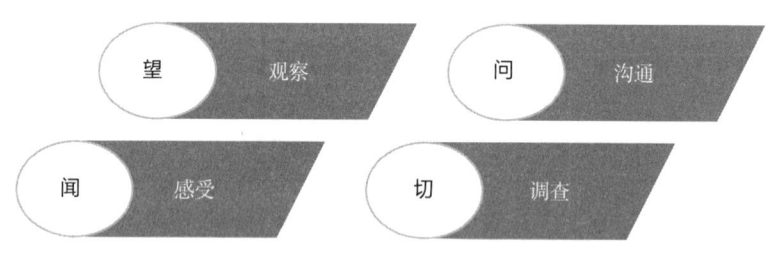

望　观察
问　沟通
闻　感受
切　调查

图2-17　"望""闻""问""切"

"望"：观察

"望"就是观察。

管理者可以通过走动式管理，观察团队成员的表情、眼神、行为，与他人对话的声量、互动的频次，来判断团队成员的状态。

"望"的前提是管理者关注和重视员工。天地间，人最贵。管理者通过"望"，可以让团队成员感受到管理者对他的重视。如果管理者对团队成员的状态视而不见，注定会使团队成员人心涣散。管理者要用真心博得信任，用情怀连接能量。

管理者在"望"的过程中有三忌。

一忌漫无目的。管理者对团队成员进行观察时，不能漫无目的，心血来潮，一定要带着明确的目的观察，只有这样，才能有条不紊、有的放矢。

二忌大张旗鼓。管理者既然要观察，就要观察到团队成员最真实的状态。要想观察到团队成员最真实的状态，管理者就不能大张旗鼓地观察。如果团队成员事先知道会被管理者观察，就会有所防范，进而用一些假象来掩盖事实。

三忌主观臆断。管理者观察之后，会在内心对团队成员形成第一印象，但不能因为一次观察就对团队成员的状态盖棺定论，要结合"闻""问""切"的结果进行判断和评价。

"闻"：感受

管理者观察完团队成员之后，还要通过"闻"来感受团队成员的气场，评估他们的行为和语言，判断他们的行为、语言背后的动机是什么。

一个人看到的、听到的未必是真实的，但一个人感受到的一定是真实的。团队氛围好不好，管理者只要身处其中，就一定会对其有最直观的感受。

管理者在"闻"的过程中要着重进行"两闻"。

一"闻"好团队。好的团队氛围往往是积极向上且自由开放的，这样的团队特质使每个身处其中的团队成员都能畅所欲言、互帮互助、拼搏进取。管理者要在"闻"好团队的同时，对好团队好在哪里、是否可以形成可分享的经验进行总结，使好的团队氛围感染到更多的人。

二"闻"坏团队。坏的团队氛围往往充斥着压抑的情绪，团队成员之间交流和互动很少,彼此之间比较淡漠,遇到问题互相推卸责任,当管理者安排工作时,团队成员斤斤计较,甚至会互相猜疑。管理者在"闻"出坏团队的气息后,要及时进行补救。解决猜疑最好的方法是将一切透明,管理者要尽量做到公平、公正、公开,将规则摆在明处,让所有团队成员都能看见规则运行的方式、过程和结果,从而敞开心扉。

"问":沟通

"问"指管理者要与员工沟通。语言是思想的物质外壳,通过沟通,管理者可以看到员工的思想、信念和价值观。

管理者和员工沟通时,要通过引导式的问题让事情具象化,还原事件,让员工将一些被掩盖的行为和思考真实地表达出来。管理者在"问"的过程中要把握三个原则。

原则一:循序渐进。管理者要掌握一定的沟通技巧,既不要太直接,使团队成员觉得被冒犯,也不要太含糊,绕来绕去不知道说什么。管理者和团队成员沟通时要循序渐进,创造一处有利于交谈的环境。

原则二:驾驭冲突。管理者在和团队成员就某一问题进行沟通时,可能会出现彼此意见不合的情况,管理者要允许良性冲突的发生,因为这往往证明团队成员有沟通的诉求。管理者要善于驾驭冲突,化解矛盾。

原则三:畅所欲言。管理者在和团队成员沟通的时候,若发现有人在发言时欲言又止,管理者一定要让他把藏在心里的话说出来，因为欲言又止的内容往往是所有问题的关键。管理者一定要在团队内部建立一种自由交流的机制，只有这样，团队成员才能畅所欲言，从而提升团队的凝聚力和战斗力。

"切"：调查

"切"的重点是行动和解决问题。管理者要针对发现的问题进行调查、验证和分析，确保问题的真实性，切中要害，抓住问题的根源，深挖问题的本质，进而改善和解决问题。

很多时候，员工的需求得不到满足是问题产生的根源。管理者通过"把脉"探明员工的需求后，就要着力去满足这些需求。解决了员工的需求问题，基本上就解决了管理中一半的问题。

管理者在"切"的过程中要把握三个关键词。

关键词一：平等。管理者在进行问题调查时，不要以上级检查工作的姿态进行，要以平等的身份和平和的心态走近团队成员。只有这样，才能确保管理者了解到的情况是真实的。

关键词二：全面。管理者在调查员工个人问题时，切忌偏听偏信，一定要全方位地了解员工，对他的个人表现进行全方位的综合评价，不能只抓着他的缺点不放，忽略优点。

关键词三：客观。管理者在评判团队成员时一定要客观，以事实为评判依据，不带有个人主观倾向。为了使评价结果更加客观公正，管理者可以多多听取其他人的意见和建议。

苏轼有云："人之难知也，江海不足以喻其深，山谷不足以配其险，浮云不足以比其变。"想真正了解一个人很难，对管理者而言，想管好人更是难上加难。管理者要想识人心、懂人性，就要多运用"望""闻""问""切"，只有这样，才能把好团队成员的"脉"，把好管理的"脉"。

提状态

管理者抓状态的第二个动作是提状态。管理者识别出团队成员的状态问题后，接下来就要提振状态。

如果是员工个人的状态出了问题，管理者就要和员工进行一对一的深度沟通；如果是团队整体状态出了问题，管理者就要从机制上调整团队状态。

管理者如何提状态？我将提状态的方法论总结为"五阶段+五部曲"，如图 2-18 所示。

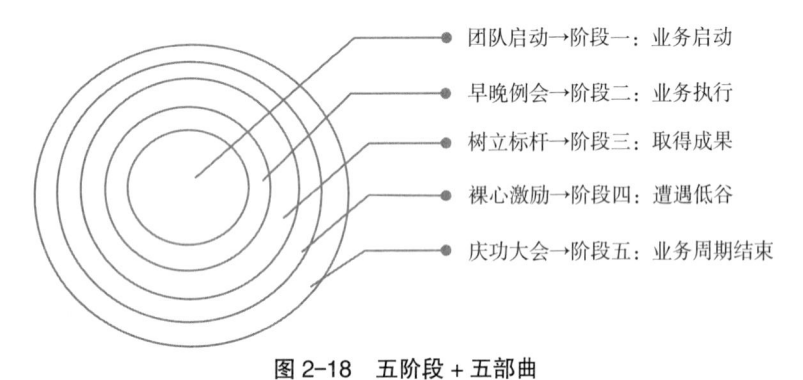

- 团队启动→阶段一：业务启动
- 早晚例会→阶段二：业务执行
- 树立标杆→阶段三：取得成果
- 裸心激励→阶段四：遭遇低谷
- 庆功大会→阶段五：业务周期结束

图 2-18 五阶段+五部曲

团队启动

在目标开始前（一般是月初或项目开始前），管理者要进行团队启动，给团队成员注入信心与力量，燃爆状态。

团队启动做得好不好，直接关系到团队成员的状态能不能被激发。很多管理者忽视了团队启动的重要性，认为团队启动可有可无。其实团队启动对团队成员明确目标、提振状态非常重要。

团队启动既是新一场战役的开始，也是上一场战役的结束。管理者通过团队启动，可以使团队成员迅速摆脱上一场战役的疲惫状态，尽快地投入新的战役中。

管理者如何进行团队启动？我总结为"启动会四件宝"：温度共情、明确目标、给到方法、燃爆状态，如图2-19所示。

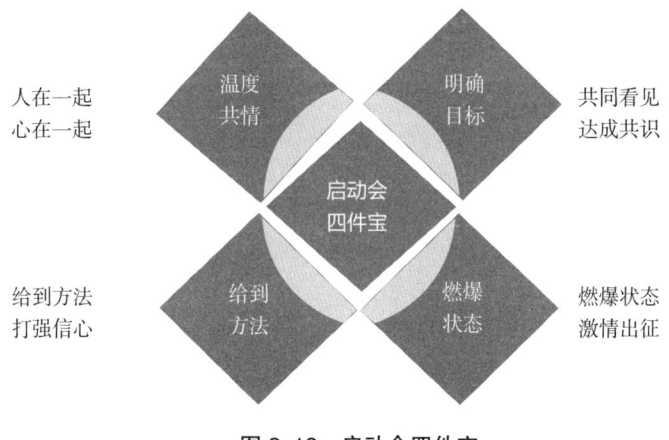

图2-19 启动会四件宝

温度共情

一场好的启动会，一定是有温度的。人在一起，心也要在一起。管理者在开启动会的时候，要与员工共情，让员工感受到尊重、信任和关爱。

管理者要想使启动会有温度，通常需要设置两个环节：颁奖环节和温情时刻。

- 颁奖环节。管理者要在颁奖环节对上个阶段的工作成绩和亮点进行总结，对做得好的团队和个人进行奖励，将优秀员工树立为标杆，让他们分享经验。
- 温情时刻。职场并不是冷冰冰的，管理者可以通过给员工送生日礼物、入职纪念日礼物等方式，让员工感受到团队的温暖，触碰到员工内心最柔软的地方，让大家的心靠得更近，从而产生团队凝聚力。

明确目标

明确目标是目标达成的动力。千斤重担万人挑，人人肩上有指标。管理者要通过召开启动会，使团队成员明确总目标、团队目标和个人目标，使目标能被大家共同看见，达成共识。

管理者在和团队成员明确目标时，要明确"三为"和"三问"，如图2-20所示。

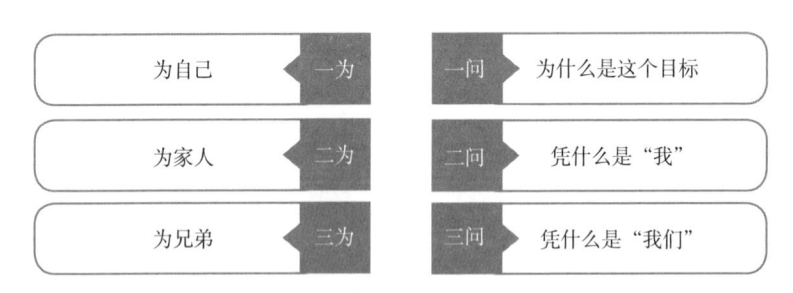

为自己	一为		一问	为什么是这个目标
为家人	二为		二问	凭什么是"我"
为兄弟	三为		三问	凭什么是"我们"

图2-20 明确目标的"三为"和"三问"

关于管理者明确目标的具体方法，读者可以参考第一章提到的三元共启法，在此不再赘述。

给到方法

这是启动会的核心环节。团队成员的信心来源于实实在在的达成方法。管理者要从市场策略、客户盘点、渠道盘点、战役节奏、激励机制、过程管理等方面对目标进行分解，从而让团队成员保质保量地完成任务。

关于拆解目标的具体方法，读者可以参考第一章提到的分解目标的方法，在此不再赘述。

燃爆状态

心态决定状态，状态决定成败。管理者要在启动会上把氛围推到极致，在仪式感中使状态达到最高点。管理者一定要点燃团队成员心里的那团火，让大家充满激情地整装待发。

管理者在启动会上燃爆状态主要有两种形式：PK（对决）和誓师仪式。

- PK。管理者要让团队之间、个人之间通过报目标、签军令状等方式进行业绩比赛。竞争使人有压力、有动力，管理者要适当营造竞争氛围，激发团队的战斗力。
- 誓师仪式。誓师仪式包含授旗、接军令状、宣誓和喊口号等环节。很多优秀的企业都有开誓师大会的传统，2021年，一条华为组建军团的誓师视频在互联网上广为流传，视频中的画面和音乐都十分热血。

早晚例会

在目标执行阶段,管理者要通过早晚例会,持续关注团队成员完成目标的过程、技能和状态,并每日提振状态。

早会:激发状态

一日之计在于晨。早晨往往是一个人思维最活跃的时候,此时开一场振奋人心的早会,能给团队成员一天的工作注入满满的能量、激情和活力。

有的管理者认为开早会是销售型团队才需要做的事,将开早会视为"打鸡血",没有把开早会形成工作惯例;有的管理者每天开早会,但仅仅是布置当天的工作任务,把早会开得死气沉沉,毫无激情和斗志可言。

早会是管理者激发团队员工状态的实际行动,是每天启动工作前最重要的激励仪式。管理者不仅要开早会,还要开好早会,让早会成为激发活力、提振工作状态、提高工作效率、促进业绩增长的"利器"。

如何开好一场激发活力的早会?管理者要做好两个动作:激发状态和明确目标。

- 动作一:激发状态。管理者开早会的目的是提振状态,让员工快速进入工作状态。好的早会能让员工有强烈的参与感,彼此共情,相互看见,彼此赋能。管理者可以采用暖场游戏、早操、分享、共读、运动等方式来激发员工状态。

- 动作二：明确目标。管理者要围绕周目标制定日目标，在早会上与员工共信目标，明确目标达成策略，并围绕当日工作目标确定需要协助和突破的环节，为员工赋能。

晚会：抚平拔尖

晚会是一天工作结束后，团队成员聚在一起开的会议，目的是检查一天的工作是否完成，分享工作中遇到的困难和收获，探讨团队中存在的共性问题，及时解决个别问题，不让问题过夜。

与早会相比，管理者对晚会往往不够重视，认为开晚会浪费时间，没有意义。其实，晚会和早会一样重要，都是管理者把控目标、识别和提振员工状态的重要手段。

从工作层面来看，管理者可以通过开晚会，及时了解目标完成情况，把控员工的工作状态；从技能层面来看，晚会可以让每天的工作有安排、有检查、有追踪、有落实，让员工养成工作必须落地的习惯，同时，还能使团队成员分享工作中的经验教训，让其他成员借鉴，以提高自身的专业技能；从团队层面来看，开好晚会可以增进团队成员之间的感情，彼此赋能。

管理者如何开好晚会？可以用"抚平拔尖"四个字来概括。

晚会不同于早会。开早会时，大多数员工的状态都是饱满的。开晚会时，员工工作了一天，非常疲惫。这一天的工作，可能充满了拒绝、挫败、困难，员工的心中大多会产生倦怠、郁闷、沮丧的情绪。如果这些情绪不能得到及时清理，会对个人和整个团队产生不良的影响。

此时，就需要管理者来抚平情绪。在每天的晚会中，管理者可以设置十分钟的吐槽时间，让员工把在一天工作中产生的委屈和烦闷等负能量释放出去，逐渐拥有更加强大的心理抗压能力，并能继续保持对工作的积极性。与此同时，团队中所有的人聚在一起，互相倾吐心中的不快，表达各种抱怨，这样能够让团队成员产成共鸣，一方面能够帮助他们分担压力，另一方面也能增强团队的凝聚力和向心力。

作为管理者，要知人心、懂人性。管理者不能在晚会上光聊工作，而是要把团队变成一个"道场"，激励每个成员成长；管理者还要把团队变成一个"情场"，让大家彼此共情，你能走入我的内心，我能走入你的内心。

管理者除了要抚平员工不好的情绪，还要激励优秀员工，这叫"拔尖"。管理者如果在当天的工作中发现有做得好的员工，有好的案例，一定要及时分享，通过别人的成功来激发团队成员的状态。

"拔尖"有三个总结：总结过程、总结结果、总结状态。

- 总结过程。日事日毕、日清日高。员工要总结一天的工作目标是如何完成的，有什么经验可以跟大家分享。管理者要让那些在过程中做得好的员工分享自己的经验和方法，这样可以帮助其他渴望学习、渴望达成目标的员工不断进步。

- 总结结果。员工要总结一天的工作目标是否达成,如果没有达成,总结为什么没有达成,是否需要帮助等。当员工遇到比较棘手的问题,团队其他成员都无法提供好的建议时,管理者要想办法为员工配置资源或调整目标方向,排忧解难,让员工的工作问题及时得到解决。
- 总结状态。管理者要让员工分析自己在一天的工作中,情绪、心理、身体等是否遇到问题。一旦发现员工的状态出现问题,管理者就要及时疏导。如果是个性问题,管理者可以采用一对一的沟通,深度解决困扰员工的问题。

管理者要想开好一场晚会,需要把角色保障、制度保障、激励保障、结果保障做到位。在角色上,做好抚平拔尖;在制度上,明确晚会的标准和流程;在激励上,随时表扬做得好的员工,不要"让人的问题过夜";在结果上,确保每一次晚会都有收获。

树立标杆

在取得成果阶段,管理者要及时将优秀员工树立为标杆,通过标杆分享带动其他团队成员的状态。

吉姆·柯林斯在《基业长青》一书中提到"让合适的人上车"。榜样的力量是无穷的,对于优秀的员工,管理者一定要不吝赞美和奖励,要给予优秀员工物质奖励和精神奖励,既让他们得到实实在在的物质回报，又让他们的精神倍受鼓舞，同时还要将优秀员工的闪光点放大，让团队中的其他成员看见，以此激励团队的其他成员努力奋进，从胜利走向胜利。

管理者树立标杆需要做好三个动作，如图 2-21 所示。

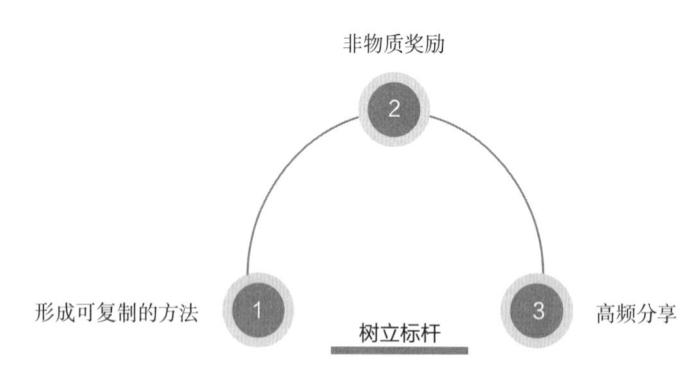

图 2-21 树立标杆需要做好三个动作

- 动作一：形成可复制的方法。管理者要萃取优秀员工的成功经验，形成可复制的方法，将 20% 的人的能力复制到 80% 的人身上。
- 动作二：非物质奖励。取得成果阶段往往正处于战役当中，此时更为直接的激励是非物质奖励，因为物质奖励往往会在庆功大会时发放。管理者要在战役中通过海报、舞台分享等方式及时分享"战报"，激发士气。
- 动作三：高频分享。分享要高频次、多维度。管理者要对优秀员工的成功经验进行多轮次渲染，使团队始终处于一种"燃爆"状态。

在树立标杆时，管理者既要站在优秀员工的角度去思考和设计，还要站在普通员工的角度去共情和激励，只有采用双方都认可的方式，才能让标杆最大限度地发挥作用。

裸心激励

员工遭遇低谷阶段时，管理者要通过裸心激励，重启其状态与信心。

何为"裸心"？就是赤裸裸地将心展示出来，不藏着掖着，通过"裸心"，达到共情的目的。共情才能共赢，打胜仗的前提是凝聚，凝聚的前提是"裸心"，"裸心"的前提是信任。管理者无论是提升团队的凝聚力，还是增强团队精神，归根结底在于两个字：信任。有了信任，员工才会心甘情愿地为目标的达成、企业的发展贡献自己的力量。

稻盛和夫认为，经营企业就是经营人心，如果管理者能赢得员工的信任，那么经营企业就会变得简单许多，否则，就会麻烦不断。要想赢得员工的信任，管理者要把员工的利益看在眼里、放在心上，真心关注员工的成长，不仅自己关注，还要鼓励团队成员彼此关注。当每个员工不再只盯着自己眼前得失而是互相成就、互相帮助时，这个团队将是温暖的、富有感染力和吸引力的。

管理者进行裸心激励有三个环节，如图 2-22 所示。

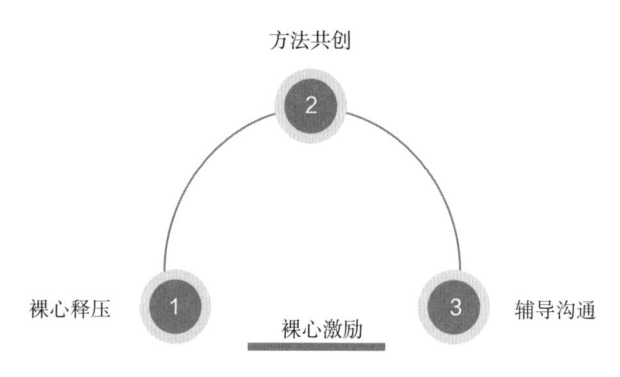

图 2-22 裸心激励的三个环节

环节一：裸心释压

管理者要和团队成员"赤裸相见"，就眼前的压力、困难和挫折，彼此倾诉，互相抚平。裸心释压的方式有很多，在这里我主要分享两种方式。

- 方式一：烛光夜谈。管理者可以挑选一处安静的地方，将灯熄灭，用蜡烛围一个心形，蜡烛后面放一杯红酒，大家席地而坐，互相干杯后，就一个主题开始分享，吐露心声。在烛光夜谈中，管理者要做好倾听者的角色，认真倾听团队成员内心的声音，了解他们的真实需求。
- 方式二：鲜花与拳头。团队中的每一个成员，都分别拥有一个"拳头"和一朵"玫瑰"。"玫瑰"表示赞赏，要送给最认可的某一个伙伴，并表达出自己的认可与期许。"拳头"则送给自己认为最需要提升的伙伴，指出其问题，并给予改正方法。

环节二：方法共创

管理者要根据团队成员反馈的问题进行方法共创，找到解决方案。在这里我分享一个简易的共创会流程，详细的共创会流程，读者可以参考第一章"平级沟通要共赢"中提到的召开共创会的方法。

- 清晰问题：看数据、挖因由。
- 共创解决方案：分组探讨、呈现解决方案。
- 解决方案共识：管理者确定后续业务改进点。
- 落地计划共识：将共创结果形成清晰的待办事项。

环节三：辅导沟通

管理者要针对员工的个性化问题进行一对一沟通。管理者要根据员工的工作能力和工作意愿匹配不同的管理方式，如图 2-23 所示。

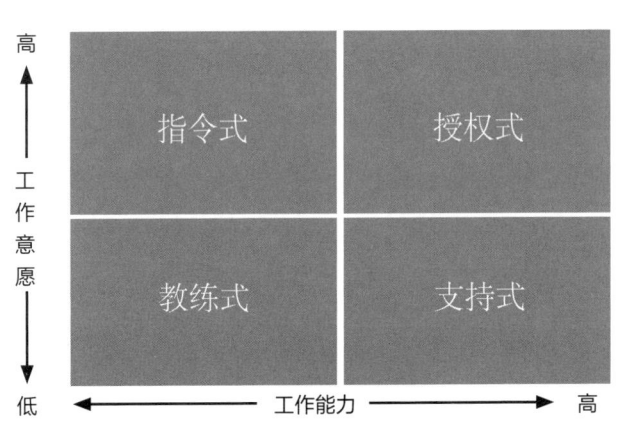

	工作能力低	工作能力高
工作意愿高	指令式	授权式
工作意愿低	教练式	支持式

图 2-23　员工工作意愿和能力的四个象限

- 对于高意愿、高能力的员工，管理者要采取授权式的管理方式，"你来决定，你来做"，给予员工更多的信任和权限，给他们提供更大的舞台。

- 对于高意愿、低能力的员工，管理者要采取指令式的管理方式，"我来决定，你来做"，通过手把手教，使员工的技能得到提升。需要进行绩效反馈，明确绩效改进方向。进行绩效辅导后，如果员工仍然消极怠工甚至散播负面情绪破坏团队氛围，一定要及时优化，避免更大损失。

- 对于低意愿、低能力的员工，管理者要采取教练式的管理方式，"我们探讨，我来决定"，总结和提炼共性问题，通过培训、辅导等方式提升员工的技能和意愿。

- 对于低意愿、高能力的员工，管理者要采取支持式的管理方式，"我们探讨，我们决定"，对这类员工进行职业规划和内心激励，通过参与、鼓励、合作和承诺，提升其工作意愿。

管理者在进行裸心激励时要把握两个原则：一是制造轻松、温暖的团队氛围，让每一个员工都有归属感，都能放心地把心"掏出来"；二是有反馈、有解决方案，为团队成员去除心中不快，解答困惑。

庆功大会

在业务结束阶段，无论结果好坏，管理者都要开庆功大会。

管理者要苛求过程，释怀结果，面向未来，并具备庆祝胜利的能力。即使没有打一场完美的胜仗，也要善于发现打仗过程中的闪光之处，庆祝胜利。只有这样，才能从胜利走向胜利。

在一场战役结束后，无论最后取得的战绩如何，一定要有一次隆重的庆功大会和总结大会，根据结果论功行赏。一次大战的结束是下一次大战的开始，庆功会不仅仅是庆祝，还包括对未来的展望。

管理者开好庆功大会需要把控三个环节，如图2-24所示。

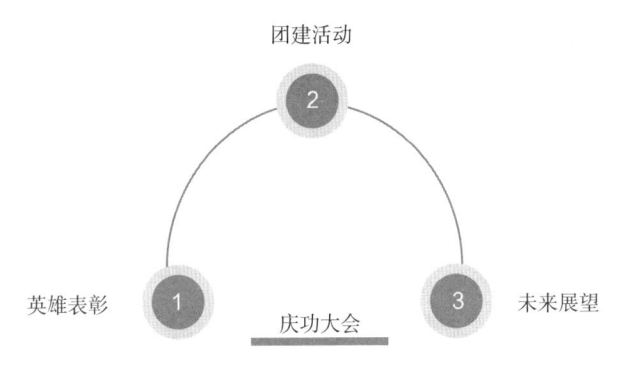

图2-24　庆功大会的三个环节

环节一：英雄表彰。目标的达成过程中一定会涌现出英雄的个体，管理者奖励他们时要毫不吝惜，颁奖词、颁奖理由和英雄分享缺一不可。

环节二：团建活动。有张有弛，在紧张的战斗结束后，管理者要安排团队成员进行一次短途旅行或聚餐，增进团队成员间的情感。

环节三：未来展望。在一个很重要的目标达成之后，团队有可能会陷入一种集体迷茫，这时管理者一定要站得高、看得远，使团队尽快摆脱这种状态，瞄准下一个目标，在行动和管理上慢慢地外松内紧，逐步回到正常状态，迎接下一个挑战。

以身作则

管理者通过"五阶段＋五部曲"提振状态的前提是，管理者要以身作则，自己成为一个充满活力和激情的人。杰克·韦尔奇提出了著名的4E1P领导力模型，如图2-25所示。

巨大的个人能量，对于行动有强烈的偏爱，干劲十足

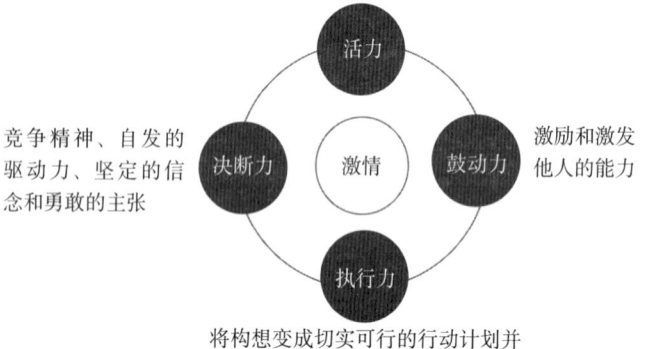

活力

竞争精神、自发的驱动力、坚定的信念和勇敢的主张

决断力　激情　鼓动力

激励和激发他人的能力

执行力

将构想变成切实可行的行动计划并能够直接参与和领导计划的实施

图2-25　4E1P领导力模型

4E1P标准是通用电气集团挑选管理者的标准。4E分别指活力（energy）、鼓动力（energize）、执行力（execute）和决断力（edge），P指的是激情（passion）。

一个原本生活在草原的部落被其他部落驱赶到一片黑暗的、漫无边际的森林。只有走出这片森林，这个部落的人才有生存的可能。在这片被黑暗笼罩的森林里，人们根本找不到前进的方向，只能像无头苍蝇一样，没有方向地乱闯乱撞。

这时，丹柯出现了，他主动承担起领导大家走出森林的重任。大家开始跟着丹柯往前走，但森林太大了，走了很久依然没有看到出口。大家由一开始对丹柯的信任转为对丹柯的质疑和抱怨，甚至是不问青红皂白地指责。

在一片黑暗和混乱中，丹柯将自己的心掏出来并点燃，像一支火把一样把心高高举起来，指引着大家前进。丹柯这一举动使大家深受震撼，于是纷纷停止了抱怨，义无反顾地追随丹柯前进。直到他们走出黑暗的森林，丹柯才倒下。最后，为了纪念丹柯，部落的人将丹柯作为部落图腾。

作为管理者，我们能否像丹柯那样在关键时刻勇担重任？我们能否做到在团队成员充满负面情绪的时候依然坚定执着？我们能否做到燃烧自己，照亮别人？

抓状态工具

表2-5 早会模板

×× 团队早会	
会议时间	08:30（会议共计30分钟）
地点	行政楼大会议室
主持人	团队主管（组员轮流主持）
会议纪要	团队主管（组员轮流记录）
与会人员	全员
早会开场 （10分钟）	1. 励志音乐——2分钟 2. 团队热身活动（每天不同类型的热身活动）——3分钟 3. 周业绩达成率榜单——2分钟 4. 行业通报（竞品最新资讯）——3分钟
今日目标 （2分钟）	1. 周目标、周实际目标、达成率 2. 今日目标

今日跟踪内容 （3分钟）	线下沙龙场次	线上沙龙场次	外出访客场次	参观批次C端	参观批次B端	交付服务批次	纯服务批次
今日重点事项和困难 （5分钟）							
今日资源协调 （5分钟）							
结尾 （5分钟）	团队口号（尖峰尖峰，勇登高峰）						

会议机制
1. 主持：在流程固化之前，由总监和省总主持 2. 会议纪律：迟到/请假/无故缺席等，3种处罚方式可选，纪律委员：×× 3. 出差人员，线上同步入会，接待人员，观看线上直播

表 2-6 晚会模板

×× 团队早会	
会议时间	17:30（会议共计 40 分钟）
地点	行政楼大会议室
主持人	杨 ××（组员轮流主持）
会议纪要	管理者（组员轮流记录）
与会人员	全员
晚会开场 （5 分钟）	1. 团队轻松小游戏 2. 今日榜单公布
目标复盘 （3 分钟）	1. 周目标、周实际目标、达成率 2. 今日目标、今日实际目标、达成率

今日跟踪内容 (7 分钟)	过程关键指标	线下沙龙场次	线上沙龙场次	外出访客场次	参观批次 C 端	参观批次 B 端	交付服务批次	纯服务批次
	今日目标							
	今日实际							
	达成率							

今日重点事项 & 困难完成度（5 分钟）	
今日销售亮点分享及学习（5 分钟）	
今日销售难点攻克及的点评（5 分钟）	
今日跨部门对称信息分享（5 分钟）	
结尾（5 分钟）	1. 部门总监总结 2. 明天天气提示

会议机制
1. 主持：在流程固化之前，由总监和省总主持 2. 会议纪律：迟到 / 请假 / 无故缺席等，3 种处罚方式可选，纪律委员：×× 3. 出差人员，线上同步入会；接待人员，观看线上直播

经验萃取

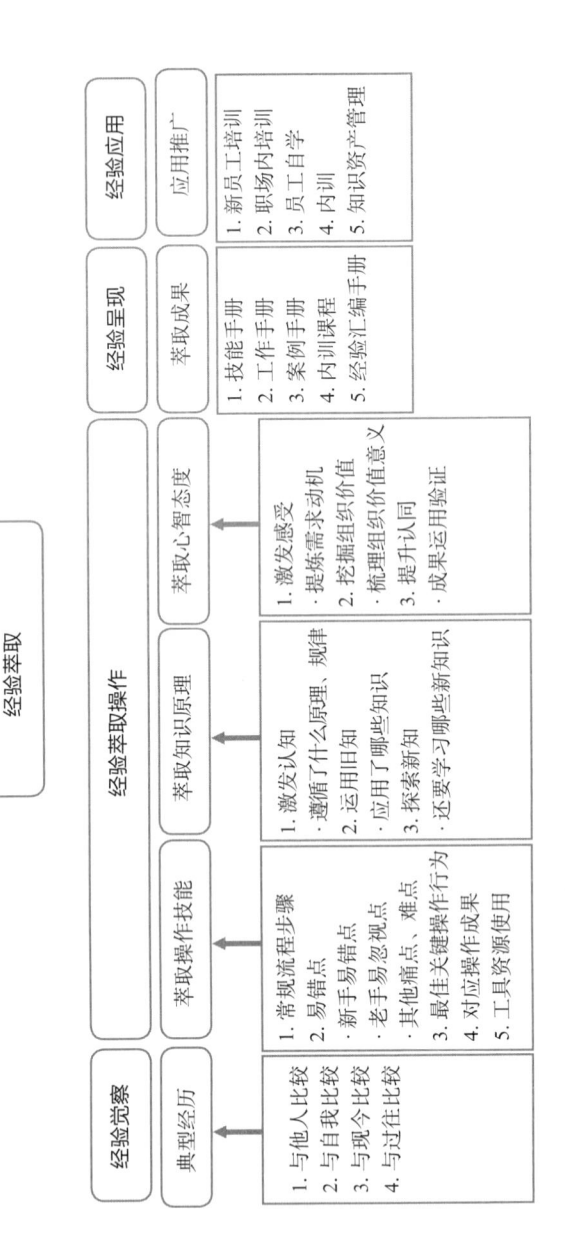

经验觉察
- 典型经历
  1. 与他人比较
  2. 与自我比较
  3. 与现今比较
  4. 与过往比较

经验萃取操作

- 萃取操作技能
  1. 常规流程步骤
  2. 易错点
  3. 新手易错点
  4. 老手易忽视点
  5. 其他痛点、难点
  6. 最佳关键操作行为
  7. 对应操作成果
  8. 工具资源使用

- 萃取知识原理
  1. 激发认知
  2. 遵循了什么原理、规律
  3. 运用旧知
  4. 应用了哪些知识
  5. 探索新知
  6. 还要学习哪些新知识

- 萃取心智态度
  1. 激发感受
  2. 提炼需求动机
  3. 挖掘组织价值
  4. 梳理组织价值意义
  5. 提升认同
  6. 成果运用验证

经验呈现
- 萃取成果
  1. 技能手册
  2. 工作手册
  3. 案例手册
  4. 内训课程
  5. 经验汇编手册

经验应用
- 应用推广
  1. 新员工培训
  2. 职场内培训
  3. 员工自学
  4. 内训
  5. 知识资产管理

图 2-26 标杆分享之经验萃取方法

表 2-7 管理者心力自我觉察表

能量	细分	诠释维度	自我感知
心力	相信	• 对目标怀有憧憬的人。 • 对团队具有强烈的使命感。 • 在诱惑下会坚持目标，笃信。	• 我所在的业务模块/团队，因为我发生了什么改变？ • 我此刻为什么在这里？ • 我可以做到的最大让步是什么？
	影响感召	• 在压力下会坚持原定计划。 • 能在过程中不断向团队描述激励人心的目标和背后的价值。	• 什么会让我放弃？ • 当下做的工作和团队的目标有什么关系？
	落地	• 有感染力，带动团队一起完成过程目标和阶段目标。 • 能看到实现目标的路径和目标背后的客户价值。	• 我想帮助谁？我能帮到他们什么？ • 为了实现当下的目标，我需要做出什么改变？ • 我最心心念念的是什么？

抓状态练习

一、结合实际业务,以一个月为周期,作为管理者,你准备做哪些动作来持续提振团队状态?

二、设计团队的早会、晚会。
(1)早会、晚会的内容环节。(时长、环节内容、标准等)
(2)早会、晚会的管理机制保障。(负责人、主持人、时间、奖惩等机制)

第三章

拿结果：视人为人，借事修人

管理者通过"定目标、抓过程"拿到了事上的结果，达成了业绩目标，接下来要通过赋能人，拿到人上的结果。再宏伟的蓝图，再伟大的目标，最终都要落到人身上。管理者要想拿到人上的结果，持续拿结果，就必须赋能人，视人为人，借事修人。人在事前，人是起点，事是落点。管理者只有将人与事统一起来，才能使整个组织可持续地运转起来。

导读

业务三板斧的第三板斧是拿结果。

总体来说,业务三板斧就是管理者带领团队拿结果的工具和方法。管理者"定目标"和"抓过程"是拿到事上的结果,而"赋能人"是拿到人上的结果。因人成事,管理者要想拿到结果,离不开"赋能人"。

什么是"赋能"?很多人喜欢用"授人以鱼"和"授人以渔"来解释。我的理解是,"授人以鱼"和"授人以渔"都属于赋能,只是"授人以渔"是相对持久的赋能方式。

相对而言,我更倾向于用战争的类比来解释赋能。要想取得战争的胜利,管理者需要赋能团队成员,为他们提供专业的训练和强大的武器装备,使他们有赢的心力和能力。只有具备这些条件,团队成员才有可能赢得战斗。

总结起来,"赋能"的核心意思是:让别人有更大的能力去完成他们想要完成的事情。

三大断裂

我们在服务企业的过程中发现,大多数企业在拿结果方面存在"三大断裂"现象，如图3-1所示。我把"三大断裂"的内容作为重点，希望能够引起企业经营者和管理者的关注，启迪大家找到问题背后的本质原因，从而更加有效地解决问题。

个人目标与组织目标的断裂　　事与人的断裂　　现在与未来的断裂

图3-1　企业在拿结果方面的"三大断裂"现象

个人目标与组织目标的断裂

我经常听到企业经营者或管理者抱怨："企业发展得好，对大家都好，为什么员工就是不愿意多付出一点儿，多努力一点儿？"造成这种现象的根本原因是个人目标与组织目标之间产生了断裂——企业想要的和员工想要的不一致，企业的目标和员工的目标不一致。

企业经营者、高层管理者和部分元老级管理者的个人目标与组织目标是一致的，企业是实现个人目标的载体。企业的成功，就意味着个人的成功；组织目标的实现，就意味着个人目标的实现；企业赢利，就意味着个人赢利。

大多数员工在企业中人微言轻，即使企业发展得再好，个人能分得的"一杯羹"也非常有限。因此，员工很难主动将组织目标视为个人目标。这时，管理者要扣动员工的"心灵扳机"，使员工将组织目标与个人目标连接起来，将企业的发展方向变成个人的发展方向，把组织想要的变成员工想要的。

管理者要做到这一点，靠的是什么？

答案是赋能人。

事与人的断裂

所谓"事与人的断裂"，直白地说，就是管理者只关注事上的结果，只关注业绩指标，忽视了人上的结果，忽视了员工成长。

企业要发展，必须有业绩。这个观点没错，但业绩不是根本，人才是根本。因为业绩需要人来创造，没有人，何来业绩？

有的管理者认为员工只是完成业绩的工具，一切围绕着业绩，而忽视了对员工的关注。这是典型的舍本逐末，硬生生地割裂了事与人。这就好比父母只关心孩子的分数，而不关心孩子的整体成长。

在很多企业里，我们经常可以看到这样的情形：管理者只盯着业绩目标看，关心业绩完成了多少，新增了多少客户，开辟了几条渠道，却很少会考虑团队是否有足够的储备干部，对员工的培训和培养是否到位，更不会关心团队的氛围好不好，员工是否开心……在这一类管理者眼中，业绩才是硬指标，其他的都是虚无缥缈的。

管理者要明白，人在事前，人是起点，事是落点。管理者只有将人与事统一起来，才会使整个组织可持续地运转起来。

管理者要做到这一点，靠的是什么？

答案依然是赋能人。

现在与未来的断裂

如果管理者只关注当下而不着眼于未来，只看重短期利益而忽视长远发展，就会造成现在与未来的断裂。

很多管理者可以对企业战略目标和业务增长目标侃侃而谈，甚至会将未来五年的业务目标细化到每一年、每个季度，但如果问他们，未来实现这样的目标需要什么样的组织架构、什么样的人才，他们就会语焉不详。

再宏伟的蓝图，再伟大的目标，最终都要落到人身上。人的问题如果没有考虑清楚，事想得再好，也是空中楼阁。管理者一定不能忽略组织的迭代和升级，而且组织能力的升级要优先于业务能力的升级。

管理者要站在未来看现在，以未来的人才标准去衡量企业现在需要的人才，当未来到来时，就会有充足的兵力去接受挑战。

要防止现在与未来断裂，管理者要提前培育组织、培育团队，让企业自身的组织能力和团队能力能够承载未来业务方向的转变。

管理者要做到这一点，靠的是什么？

答案还是赋能人。

关于管理者为什么要赋能人，看完"三大断裂"，相信你已经找到答案了。管理者要想拿到人上的结果，并且持续拿结果，就必须赋能人。

蜂群中,有一只蜂王,数百只雄蜂,上万只工蜂。它们有明确的分工,各司其职,才能井然有序。管理者要像蜂王一样坐镇蜂巢,为团队赋能,让别人为你拿结果!

四赋:赋权 + 赋心 + 赋才 + 赋利

管理者要如何"赋能人"?

"赋能人"具体包括"四赋",如图 3-2 所示。

图 3-2 "四赋"

赋权

赋权,是指管理者要把权力下放给团队成员,让听得见炮声的人做决策,让团队成员摆脱层层汇报,灵活高效地对市场情况做出反应,提高组织对环境的敏锐度,从而高效地达成目标,拿到结果。

很多管理者不懂得放权,不是放不下,而是不放心。当员工在工作中遇到难题时,管理者大包大揽,直接替员工把工作做了。在他们看来,与其苦口婆心地辅导员工,不如自己上手,这样更直接、效率更高。管理者这样做表面来看是替员工解决了难题,是对员工的一种关心和帮助,其实背后是对员工能力的不放心、不信任，觉得员工教不会、学不会。

《战国策注释·赵太后新用事章》有言："父母之爱子，则为之计深远。"管理者对员工的"爱"，也要为之计深远，要在小事上放手，在大事上帮助，使员工得到成长。管理者不要对员工进行事无巨细的管控，要给予员工一定的自主权和选择权，充分放权，足够信任，让员工大胆尝试，勇敢承担，在一次次历练中实现蜕变。

赋心

赋心，是指管理者要赋予员工心上的力量，提升员工的心力。

很多管理者问我："我花了大量的时间和精力对员工进行辅导、培训，为什么不仅没有效果，还引起员工的反感呢？"原因就在于管理者只做了赋才，而没有赋心。阿里巴巴之所以强大，就在于它的组织是温暖的，能够将一个个平凡人的心凝聚在一起，最后做成非凡之事。

赋心为什么重要呢？因为只有心对了，事情才能做对。

阿里巴巴将心力、脑力和体力总结为"三力模型"。其中，"心力"指组织文化，包括企业的使命愿景、管理理念和言谈举止；"脑力"指组织能力，包括价值观、人才理念和核心能力识别；"体力"指组织治理，包括互动体系、组织架构和利益分配体系。

从员工的角度而言，"心力"指一个人做事的意愿；"脑力"

指做事的方法；"体力"指具体的行为技能。正如心脏是人体中最重要的器官一样，"心力"在"三力模型"中是最重要的力量。一个人如果没有足够的心力，即使有脑力和体力，也无济于事。

在赋能人的过程中，一个人的脑力、体力往往看得见、摸得着，通过赋才就能得到提升，但心力很容易被忽略。为什么有的管理者目标定得很好、过程抓得很好，却依然没有得到想要的结果？问题就出在心力上，管理者在管理过程中没有看到员工的内心状态，没有及时激发员工的心力。心力不足，动力不足，导致业务执行不到位，得到的结果自然不会令人满意。

管理者要视人为人，员工不是工具，而是活生生的人。管理者要关注人的内心所想和所需。

管理者如何做到赋心？

赋心要从"识人心，懂人性"开始。人心虽难测，但人心也是相通的。以心换心并不难，只要足够真诚就可以。管理者要想得到员工的认可与尊重，首先自己要认可与尊重员工。

曾经有一个员工因为在之前的单位里体会到了职场的钩心斗角，带着深深的戒备心来到了我的团队，在工作中不愿意与同事敞开心扉，总是小心翼翼。他对职场和同事的这种惧怕、抗拒的心态，严重影响了工作开展。我观察到这一点后，通过一次次的团建和裸心会，一次次的共同作战，用热情和坦诚融化了他心中的那块冰，让他感受到了我的真诚和团队的温暖。三个月后，这个员工越来越开朗自信，主动与同事进行沟通协作，还与我聊八卦，整个人表现出不一样的工作状态。自然而然地，他的工作效率越来越高，目标达成率也越来越高。

管理者尤其要注意的是，管理不仅仅是管事，更要管人。这里的"管"不是管控的意思，而是关注的意思。管理者要关注员工的情绪、心态，一旦发现员工不开心、不满意，一定要及时开导劝慰，帮助他们解决心理上的困惑。员工首先要"想干"，其次才能"干好"。

赋才

赋才，是指管理者对团队成员进行技能上的赋能，包括知识、实操、技巧、策略等。

人才是企业发展的根本动力，也是企业最大的财富。管理者一定要不遗余力地提升员工的技能，不断为员工创造培训、学习的机会，使员工的能力符合企业的发展，符合时代的发展。

磨刀不误砍柴工。在员工的才能得到提升后，组织的效率也会得到提升，管理者也能更高效地拿到结果。

关于如何赋才，管理者可以参考"抓过程"章节里的"抓技能"和"抓状态"，也可以根据本章"复盘：不迁怒，不贰过"中的内容进行实操。

赋利

赋利，是指管理者要通过绩效考核机制，对得起好的人，对不起不好的人，奖勤罚懒、奖优汰劣，确保客观公正的评价，给予公平的薪酬、晋升、汰换的回报，不让"雷锋"吃亏。

关于如何"赋利"，管理者可以借鉴本章"绩效考核：对得起好的人，对不起不好的人"中的内容进行实操。

《中庸》有云："天命之谓性，率性之谓道，修道之谓教。""四赋"的目的正是创造一个尽人之性的组织环境，让每一个员工充分发挥自我、实现自我，随之实现组织的使命愿景。

心理理论之父、积极心理学奠基人米哈里·契克森米哈赖在《心流》一书中开创性地提出了"心流"的概念。"心流"指的是一个人在做某件事时进入全神贯注、投入忘我的状态。人们在这种状态下会忘记时间的存在，当事情完成后会有一种成就感。当一个人目标明确并且心无旁骛的时候，他就会进入心流状态，爆发出强大的能量，最快地抵达目标。当一家企业具有高远清晰的目标，明确的价值观导向，积极向上的氛围时，它就能进入心流状态，激发组织的能量，助力目标的达成。

我想，这就是"赋能人"的实质性目标吧。

最后回到"赋能人"的方法上，管理者如何赋能人，拿到人上的结果？

结合本书前两章的内容，查缺补漏，管理者通过赋能人拿结果有两大核心动作必不可少，如图3-3所示。

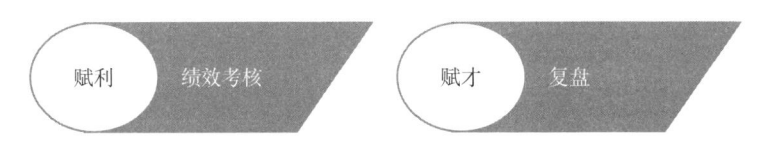

图3-3 管理者通过赋能人拿结果的两大核心动作

管理者需要注意的是,"赋能人"贯穿于整个拿结果的过程中,过程要持续抓,赋能也需要持续做。

管理者要想真正为员工赋能,还要从制度和文化两方面着手,营造赋能的"道场",使员工在充满正能量和爱的场域中,自发地为了目标而努力。《道德经》有云:"为无为,则无不治。"管理者赋能的本质是无为,是放手和放权,无为则无不治,通过管理者的"无为",促进员工的"有为"。

绩效考核：对得起好的人，对不起不好的人

管理者通过赋能人拿结果的第一个动作是绩效考核。

绩效考核是绩效管理的重要一环，也是管理者带领团队拿结果的关键环节。绩效考核犹如学生时代的摸底考试，贯穿在达成目标的整个过程中。管理者对绩效考核又爱又恨——爱的是通过绩效考核，管理者能够督导并激励自己和员工如期达成目标，恨的是绩效考核的过程通常不愉快。

到底是什么原因让原本应该双赢的绩效考核变得吃力不讨好呢？我们不妨先探讨一下绩效考核的内涵、目的与意义，再来反推背后的问题以及解决的方法。

很多管理者认为绩效考核就是对团队成员进行评分、评价等。但如果让管理者对绩效考核下一个准确的定义时，大部分人会道"只可意会，不可言传"。实际上，绩效考核绝不是只可意会的词，只有明确了定义，管理者才能找到绩效考核的正确方法。

绩效考核是指管理者基于团队成员在过去一段时间的工作行为和工作结果，对照工作目标和绩效标准，进行的科学判断

和评估。

如今,大部分企业会花费大量的人力、物力和精力来搭建内部绩效考核体系。管理者为什么要对团队成员做绩效考核?难道只是为了与员工的薪酬、奖金和晋升挂钩吗?只是为了扣员工工资吗?肯定不是。绩效考核对管理者拿结果的核心作用有三个。

作用一:保障企业整体目标的达成,这是绩效考核最基本的作用。一家企业、一个团队,要什么就考核什么,考核什么就会得到什么。绩效考核目标随着企业整体目标的变化而变化。比如,企业要提升客户体验,就要加大在"客户满意度"这一指标上的权重。

作用二:奖勤罚懒、奖优汰劣,不让"雷锋"吃亏,这是绩效考核最核心的作用。用阿里巴巴的说法就是"对得起好的人,对不起不好的人";用华为的说法就是"不让'雷锋'吃亏"。这要求管理者在进行绩效考核时,要做到奖罚分明。管理者要做到"丑话当先,而不是秋后算账",明确奖惩,大鸣大放。奖励要奖得人心花怒放,惩罚要罚得人心服口服。

《韩非子》里说:"二柄者,刑德也……杀戮之谓刑,庆赏之谓德。"在管理中,"德""刑"就是奖罚。如果管理者奖罚得当,该奖励的奖励,该惩罚的惩罚,员工就有动力、有敬畏;如果管理者奖罚不当,奖励不公平,惩罚不同等,员工就会人心涣散,团队也会没有凝聚力。

作用三:绩效考核是通往业绩和文化的第一步。2001年,关明生加入阿里巴巴，彼时，阿里巴巴正面临组织升级。关明生重点做了三件事情：一是文化升级，二是绩效机制升级，三是人才管理体系升级。在做这三件事时，关明生说："绩效考核是通往业绩和文化的第一步。"

经营企业就是经营人心，管理团队就是管理人心。任何制度的设计都离不开人性。绩效考核更是如此。没有人喜欢严苛的绩效考核，除非管理者能让员工看到绩效考核带给自己的价值——努力便有回报。绩效考核成功的关键在于奖勤罚懒、奖优汰劣，奖励努力奋斗的人，惩罚"划水"的人，二者缺一不可。

对于如何做好绩效考核，企业各个层级的管理者都有自己的"苦水"：高层管理者觉得花费了大量的时间、精力，结果却不尽如人意；中基层管理者认为绩效考核是"填表打分"，是费时费力的形式主义；员工则称绩效考核是"领导对付我们的工具"。

为什么会出现这样的情况？原因是企业的绩效考核方法出了问题。下面我以阿里巴巴的绩效考核方法抛砖引玉。

双轨制绩效考核：价值观与业绩一样重要

阿里巴巴使用的绩效考核方法是"名震江湖"的双轨制绩效考核。

在分享具体的方法之前，我想传递一个学习管理的价值观——学魂不学形。管理者学习管理工具也好，学习管理方法也罢，学习的不是"形"，而是工具或方法里的"魂"。什么是"魂"？魂就是工具或方法背后的管理理念、思维和逻辑。不管你的企业现在或未来是否采用双轨制绩效考核，其背后的管理理念、思维和逻辑都是相通的，这就是你要学习的内容。

双轨制绩效考核是指管理者从业绩和价值观两个维度对团队成员进行考核，两个维度的考核指标各占50%，如图3-4所示。

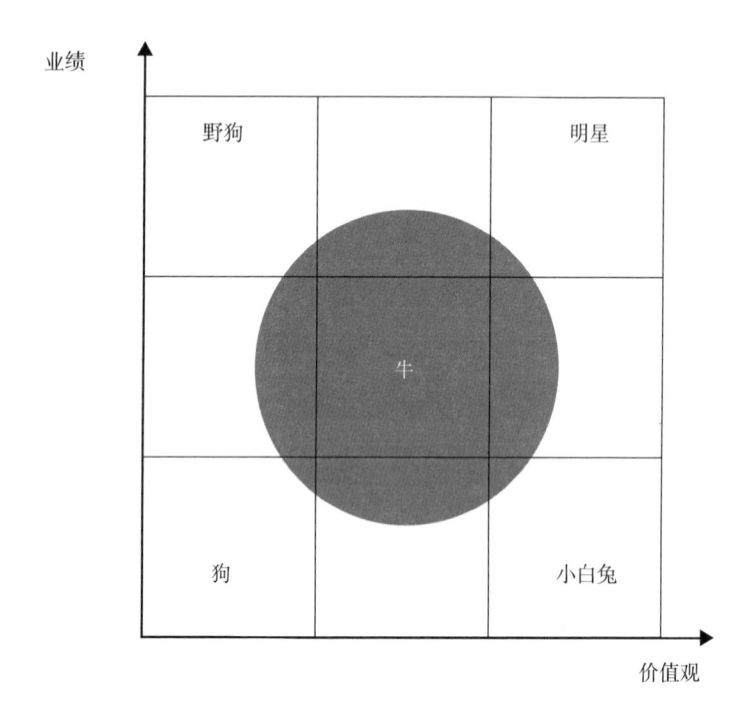

图3-4 双轨制绩效考核

双轨制绩效考核与其他绩效考核方法的差异化价值在于"双轨"二字，前者考核的内容包括业绩和价值观。事实上，现在大多数企业，特别是大型企业，已经把价值观作为绩效考核的内容，只是在考核占比上有所不同。

阿里巴巴认为价值观和业绩一样重要，"价值观并非虚无缥缈的理念，价值观需要考核"。所以，在阿里巴巴，价值观和业绩在绩效考核中各占50%。华为的绩效考核内容里也有价值观考核，与阿里巴巴一样，价值观占员工综合考评分的50%。

"大道相通，一通百通。"为什么这些大企业会把价值观放在与业绩同样重要的位置？因为价值观是企业及其员工的价值取向，能让员工产生自我驱动力，在企业快速发展中发挥无形的影响力。价值观看上去是虚无缥缈的东西，企业要把虚事做实，就要对价值观进行考核，倒逼员工的行为，规范员工的行为模式、做事标准，并内化为员工内心的一套行为准则。

姑息养奸

双轨制绩效考核最大的特点是：一个员工如果业绩好但价值观不好，不仅不会被提拔和晋升，反而会被开除。

这句话听起来很简单，但在实际应用中要完全做到很难。特别是对中小企业而言，在缺人、缺钱、缺资源的情况下，企业经营者、管理者开除一个业绩好但价值观不好的员工时往往会陷入纠结。很多企业经营者和管理者抱着侥幸心理，对这样的员工一再容忍，导致绩效考核中业绩与价值观不能合二为一。

为何会出现业绩与价值观"两层皮"呢？

三大"元凶",使业绩与价值观考核"两层皮"

在企业的绩效考核过程中,之所以会出现业绩与价值观"两层皮",有三大"元凶"。

"元凶"一:注重短期利益。管理者目光短浅,只看重短期利益,忽视了团队的长期发展。在企业发展的当下,业绩贡献更为直接,而价值观短期之内很难对企业的发展造成影响,因而管理者为了当下利益,会强化"业绩第一",忽视价值观。

在这样的导向下,管理者即使设置了价值观的绩效考核,也会形同虚设,使员工一切朝着业绩看,谁业绩好,谁就为企业的发展做了贡献。长此以往,业绩和价值观就会完全分离。

在企业发展初期,"业绩为王"或许是企业发展的重要途径,但当企业发展到一定阶段,只看重业绩而忽视价值观,一定会让企业止步不前,甚至分崩离析。因为员工只有在正确价值观的引领下,才会形成统一、明确的工作标准,并采取行动,从而达成企业的发展目标和使命愿景。没有价值观的企业没有未来。

"元凶"二:放大自我意识。企业经营者的价值观是企业价值观的重要基础,是企业价值观的人格化代表,因此价值观相比于业绩表现更为主观化。业绩表现可以通过客观的量化指标来衡量,因而人们对业绩考核的结果容易达成一致,好就是好,不好就是不好。但价值观的考核更依赖主观,考核结果也更不容易达成一致。这时,企业经营者或管理者的个人好恶就会发挥无形的作用。

有的企业经营者或管理者个人意识强烈,性格鲜明,我行我素,会将个人的价值观凌驾于企业的价值观之上。当企业经营者或管理者的胸怀、视野和格局不够大时,过于狭隘的个人价值观就会阻碍企业的发展。在这种价值观的考核下,企业很难留住真正的人才。

"元凶"三:习惯性妥协。当企业面临发展困境,迫切需要业绩实现增长的时候,如果有一个价值观不好但能带来业绩的员工,管理者是否应该妥协?我相信很多管理者会陷入纠结,但最后还是决定妥协,就像人在溺水时会抓住一根救命稻草不放,虽不得已但别无他法。

华为创始人任正非提倡"灰度管理",认为"灰度是常态,黑与白是哲学上的假设,所以,我们反对在公司管理上走极端,提倡系统性思维"。管理者适度妥协是可以的,但要在之后的某个节点尽力纠正过来,守住最基本的原则和底线。

很多管理者在管理中往往不是适度妥协,而是习惯性妥协。当业绩和价值观出现冲突时,他们就选择向业绩低头,妥协之后没有想办法进行拨乱反正,长期下去,在员工心目中,业绩和价值观必然剥离。

两大招,解决业绩与价值观考核"两层皮"

三大"元凶"找到后,管理者如何将业绩与价值观的考核相结合?有两大招,可以解决业绩与价值观考核"两层皮"。

第一招:价值观有问题的员工,业绩再好也不能留。

作为管理者,你怎样看待业绩好但价值观不好的员工?是否会为他做出让步？

正确答案是：管理者不仅不能对价值观不好的员工做出让步，而且坚决不能留下这样的员工。管理者一定要记住一句话：姑息养奸！管理者一旦为了业绩纵容这样的员工，就会养虎为患，给企业造成难以想象的后果。

更为重要的是，管理者留下这样的员工就是在向其他员工传递一种信号：我可以为了业绩不择手段。其他员工也会纷纷效仿，长此以往，整个团队的价值观也会产生变化。

"一颗老鼠屎，坏了整锅汤。""小不忍则乱大谋。"管理者对业绩好但价值观不好的员工要态度坚决，及时开除。对触碰"高压线"的员工，管理者一定要零容忍，不仅要开除这样的员工，而且要公布开除的理由，在消除团队的无端猜测和恐慌的同时，以儆效尤，警示其他员工不要犯类似的错误。

第二招：让评价标准合二为一。

业绩是企业的生存底线，价值观是企业发展的根本准则，二者"本是同根生"，不应该成为评价的两个标准。优秀的管理者要将业绩和价值观合二为一，将价值观融入业绩，成为统一的评价标准。

业绩分为好业绩和坏业绩两种。好业绩，是合法合规、可持续、符合企业战略发展需要的业绩；坏业绩，是不合法合规、不可持续、不符合企业战略发展需要的业绩。

由此可以看出，业绩和价值观是相辅相成的，好的价值观必然带来好业绩，而好绩必然需要好的价值观来引领，反之亦然。

企业要想实现良性发展，就要摒弃坏业绩，追求好业绩，让"良币驱逐劣币"。随着中国步入高质量发展阶段，企业也应转向高质量发展，要摒弃过去只追求短期利益而忽视长期价值的行为。当前，很多大型企业越来越重视发展的质量而非速度，逐渐放弃了之前为追求业绩而提倡的"996"加班制度和大小周调休制度等，更为人性化、合理化地追求发展质量。

企业要想实现可持续发展，要有业绩，更要坚守正确的价值观，两者缺一不可。

这是时代发展的必然选择，没有人可以抗拒。

"0-1"打分制，拒绝中庸

阿里巴巴很重视对员工的价值观考核，一旦发现员工价值观不好，会毫不留情地开除员工。曾经有一个销售人员业绩非常好，一年能为阿里巴巴贡献2 000多万元的业绩，但因其在走访客户记录中造假，违背了价值观考核中最为重要的"诚信"这一条，最终被开除。有客户专门乘飞机赶来为他求情，也无济于事。价值观是"红线"，一次也不能触碰。

阿里巴巴是如何进行价值观考核的？

对于价值观考核，建立价值观考核的标准特别重要。价值观评估应重弘扬和倡导，去分数化。2013年以前，阿里巴巴价值观考核标准的方式是打分（1~5分）通关制；2013年，阿里巴巴的价值观考核内容不变，但考核方式变成了"ABC等级制",与业绩形成两个序列。

比如,业绩为 3.75,价值观为 A,合起来为"3.75A"。3.75 代表业务结果,A 代表员工对价值观的理解和践行能力。表 3-1 为阿里巴巴价值观考核"ABC"标准。

表 3-1　阿里巴巴价值观考核"ABC"标准

价值观评级	定义	标准	分布比例
A	超越	对团队有影响,和组织融为一体 杰出的榜样,有丰富的事例 广泛的好评	不限制
B	符合	言行表现符合阿里巴巴价值观要求	不限制
C	不符合	缺乏基本的素质和要求,突破价值观底线	不限制

管理者通过价值观考核"ABC"标准,将员工分成三类:

- 价值观等级为 A 的员工要表扬;
- 价值观等级为 B 的员工要培养;
- 价值观等级为 C 的员工要"严打"。

但在阿里巴巴,后来因"ABC"等级标准较为宽泛,导致很多员工的等级评价为中间选项 B,难以对员工进行更为细致、具体的评价,它也就失去了考核的意义。因此,价值观考核"ABC 等级制"这种方式引起了不少的争论。

为了改进"ABC 等级制"考核的不足,阿里巴巴管理层认为"新六脉神剑"的考核方式要更加细化。这种新的考核方式将 6 条价值观中除"认真生活、快乐工作"这一条之外的其余 5 条价值观细分为 20 种行为，针对每一种行为进行 0 或 1 打分——做到是 1，没有做到就是 0。最后将 20 种行为得分相加，得出员工的价值观分数。

0 或 1 分的打分制看似非黑即白，比较激进，但因为一共有 20 种行为，也就是有 20 分的分值，其实是在细化考核的同时保留了弹性空间。

考核标准对员工的发展影响重大。因此，阿里巴巴每一版考核标准的出台都不是管理者拍脑门定下的，而是经过了充分的论证。据说阿里巴巴的 38 个合伙人在讨论"0-1"打分制的考核方案时，曾产生了激烈的争执。有的人认为"0-1"打分制过于武断，容易将员工"一棒子打死"；有的人则坚决支持"0-1"打分制，认为这样使比较主观的价值观评价有了具体的衡量标准。

为了验证这一版考核方法是否可执行，合伙人先在自己身上试行这套考核标准。试行后，所有人一致认为，"0-1"打分制更为科学，可以执行。

2019 年，阿里巴巴推行"新六脉神剑"后，其绩效考核方式变为"0-1"打分制。6 条价值观中有 5 条价值观需要考核，每条价值观下细分为 4 个行为项，共计 5×4=20 项。然后对每个行为项进行评分，做到就是 1 分，没有做到就是 0 分。最后把 20 项的分数相加，得出员工的价值观总分，并进行定档：A 档（16~20 分），B 档（11~15 分），C 档（0~10 分）。如图 3-5 所示。

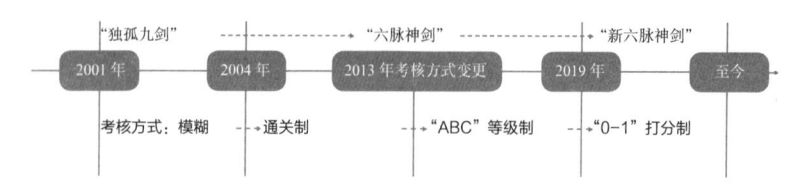

```
"独孤九剑"          "六脉神剑"            "新六脉神剑"
 2001年  →  2004年  →  2013年考核方式变更  →  2019年  →  至今
考核方式：模糊    通关制         "ABC"等级制      "0-1"打分制
```

图3-5　阿里巴巴价值观考核方式变化

从阿里巴巴价值观的内容和考核制度的迭代中，我们能够发现一个规律：价值观考核变得越来越可操作和可执行。只有可操作和可执行的制度才有生命力。

不管价值观考核方式、方法怎样变，核心只有一个：量化价值观行为，拒绝中庸打分。管理者在进行价值观考核时，要特别注意：关注员工平时工作的细节，所有考核评价的依据一定要有时间、有地点、有事件、有评论，而不是拍脑袋决定员工的价值观是否合格。

接下来，我以"新六脉神剑"中的"客户第一"这条价值观为例，让大家感受一下，在阿里巴巴，管理者是怎样将价值观量化成考核标准的。

销售冠军陈军（化名）的业绩特别出色，只要是客户提出来的要求，他都会尽力满足，得到了客户的一致好评。但陈军在和其他同事相处过程中，一改面对客户时的谦逊，表现得傲慢无礼，同事向他请教问题时，他总是表现出不耐烦和嘲讽的神情。

管理者在对陈军进行价值观评价时，在"客户第一"这一项上打了0分。这是因为客户不仅指外部客户，内部同事也是客户，同事之间应该互相帮助。在看到0分的价值观评价后，陈军意识到自己的行为不符合企业的价值观，改进了自己的行为，加强与同事间的沟通和协作。

在阿里巴巴，业绩目标定好、价值观考核好之后，打分和4个奖励有关——奖金、调薪、晋升、期权，基本原则如下。

- 奖金和贡献有关；
- 调薪和市场有关；
- 晋升和潜力有关；
- 期权和战略有关。

区分、区分、区分

企业里通常有三类员工，第一类员工既有出色的业绩，个人价值观又与企业的价值观匹配，是不可多得的人才；第二类员工业绩和价值观匹配度都处于较低水平，是企业坚决不能留的员工；第三类员工介于二者之间，能力平平，价值观匹配度平平。管理者要具备一双慧眼，对员工进行区分。双轨制绩效考核就是管理者对员工进行区分的最佳工具之一。管理者要通过这一考核工具，把团队里各个类型的员工区分出来。

员工分类

阿里巴巴把员工分为五大类，即"野狗""狗""小白兔""明星""牛"，如表3-2所示。

表 3-2 员工分类

员工分类	定义	表现	危害
明星	业绩和价值观都好	诚信、热情、乐观上进、专业能力强，职业道德高。	无
牛	中间地带：价值观和业绩良莠不齐	任劳任怨，没有突出的业绩。	团队停滞不前，目标无法达成。
小白兔	价值观好但业绩不好	能力一般；熬日子、熬资历，没有功劳有苦劳。	占用资源，没有成果，影响团队士气，将企业彻底变成"养老院"。
狗	业绩和价值观都不好	既无专业能力，个人价值观也不匹配的价值观。	团队"蛀虫"
野狗	价值观不好但业绩好	伪造数据或欺骗客户；利用企业资源谋取私利；顶撞上司，散播负能量。	以利相交，利尽则散；以势相交，势去则倾。

大家对于员工分类的标准，是仁者见仁，智者见智的。阿里巴巴的员工分类法只是一个参考。管理者要学习的是员工分类的底层逻辑。员工分类是为了对员工进行区别管理、区别培养、区别考核，最终打造一支能打胜仗的团队。

阿里巴巴在绩效考核时对于以上五类员工有不同的处理方式。

- "明星"式员工：在物质上给予慷慨奖励，在精神上给予荣誉。通过物质奖励留人，通过精神荣誉留心。
- "牛"式员工：加强培训和激励。
- "小白兔"式员工：培训、轮岗后如果绩效考核仍不合格再开除。
- "狗"式员工：毫不犹豫地开除。

- "野狗"式员工：直接开除，并且要示众。

以上就是阿里巴巴双轨制绩效考核对五大类员工的处理方式，用一句话来总结就是："赏明星，杀白兔，野狗要示众。"

不同的企业绩效考核方式有所差异，管理者要结合自己团队的情况进行区别处理。比如，华为会对"小白兔"式员工采取"激励＋开除"的方式。任正非曾说过："钱给多了，不是人才的也变成人才。"所以，华为会对"小白兔"式员工进行物质和精神激励。如果在激励之后，"小白兔"式员工的业绩依然没有提升，管理者就要果断开除他们。

并不是所有的企业都能像阿里巴巴、华为一样实力雄厚。缺人才的中小企业该怎样对待"小白兔"式员工呢？

管理者可以通过"制度＋文化"双培养的方式，充分提升"小白兔"式员工的业务能力，使其通过胜任工作带来的成就感实现自我驱动。"小白兔"式员工价值观好，但业绩不好，可能是因为岗位不适合、自己能力不匹配，管理者可以通过调整岗位、培训辅导等方式，帮助他们提升业绩。如果管理者通过"制度＋文化"双培养的方式依然难以激活"小白兔"式员工的活力，就不需要在他们身上浪费时间了，要对这类员工果断开除。

分类管理

知己知彼，用人得法。员工分类的核心逻辑是区分后做分类管理。关明生原来任职于通用电气集团，其到阿里巴巴时带了一个"西红柿"和一个"鸡蛋"。"西红柿"奠定了阿里巴巴发展至今的文化体系;"鸡蛋"是一套"271活力曲线"的绩效考核体系。这两样奠定了阿里巴巴的商业传奇。

阿里巴巴通过绩效考核的方法,挑选出业绩和价值观都优秀的20%的员工,在物质和精神上对他们进行双重奖励;对业绩和价值观处于中等水平的70%的员工进行培训辅导,使其成为中坚力量;淘汰业绩和价值观都不好的10%的员工。

我们在服务企业的过程中发现,很多管理者不清楚自己团队的明星员工是谁,更说不清楚为明星员工做了什么。在很多业务团队里,销售冠军与管理者的管理毫无关系。这意味着销售冠军之所以成为销售冠军,是因为个人能力很强,而不是因为管理者为他做了什么。这样的人到任何团队都是销售冠军。

因此,管理者要思考两个问题。

- 团队里的明星员工是谁?
- 你为他们做了什么?

明星员工需要的是更大的平台,更多的认可,更多的放权,更多的激励,他们需要快速成为"你"——管理者。

处于中间位置的70%的员工是企业里最常见的员工。管理者应该对这类员工采取不同的管理方法,如培训、辅导、帮助制定目标等。管理者要充分发掘这类员工身上的潜力,看到他们的闪光点,使他们的才能得到最大限度的施展。

对考评结果最差的 10% 的员工，管理者心要慈，刀要快，要果断让他们离开。

绩效改进：不教而杀谓之虐

为什么员工会反感绩效考核？

因为管理者在进行绩效考核时，只重结果，不重过程。绩效考核不是目的，绩效考核之后，让员工通过绩效改进得到成长，才是真正目的。

很多管理者问过我一个问题："员工为什么对绩效考核无动于衷？"我的答案是管理者的绩效考核进行得"太浅了"。大家回忆一下，你是怎么进行绩效考核的？是不是念一下业绩数据，针对数据进行简单点评就结束了？整个绩效考核过程只需要几分钟。这样的绩效考核怎么可能使员工"走心"？

好的绩效考核是，管理者不只看数据，而且会看到差距产生的原因，帮助员工找到改进的方法。数据是好是坏，员工自己心里清楚，他们不清楚的是数据为什么好、为什么坏。比如一个员工上个季度的业绩是 200 万元，这个季度的业绩是 150 万元，他认为自己的努力程度是一样的，但他不清楚为什么会产生 50 万元的差距，这就需要管理者帮助他分析原因。员工通过绩效考核，找到差距，弥补差距，从而提高能力，实现成长，这才是绩效考核的意义。

绩效考核还存在一种情况，就是员工对自己的行为没有清晰的认知，导致其在领导宣布考核结果的时候大吃一惊，认为自己不应该得这么低的分数。管理者如果没有很好地化解员工的疑惑，就会使员工产生不信任和抵触情绪，而这不利于后续工作的开展。因此，为了避免这种情况的出现，管理者一定要重视绩效改进。

既然绩效改进势在必行，那如何改进绩效才能真正见效呢？在这里，我抛出一些自己的方法，以供大家参考。我给绩效改进的方法取了个简化名称，叫作"一个惊喜、三大方法、四大内容"。

一个惊喜

阿里巴巴有一个关于绩效考核的词，叫作"No Surprise"，意思是没有惊喜。绩效考核是动态的，绩效沟通是随时的。在日常工作中，管理者需要密切关注员工的表现，发现问题后要立即与员工沟通并提醒他们改进。

管理者不能"秋后算账"，等到绩效考核结束后才提出之前的问题。因为这样一来，员工已经没有时间进行改进了，同时他们也会产生负面情绪，心里会想"为什么现在才提出这个问题，之前为什么不说"。因此，在工作过程中，管理者应当给予员工及时的指导和提醒，帮助员工进行绩效改进。

三大方法

管理者在分析员工绩效差距时，可以运用目标比较法、水平比较法和横向比较法。

目标比较法：管理者将员工的实际工作表现与个人之前制定的目标进行对比，找到差距，分析差距形成的原因。比如，员工制定的目标是本月实现销售业绩100万元，但最后只完成了80万元。管理者要分析员工没有完成目标的原因，是制定的目标不合理？还是完成过程中遇到了阻力？阻力是什么？有没有改进的方法？

水平比较法：管理者将员工本阶段的业绩与上个阶段的业绩进行比较，找到造成差距的内部原因和外部原因。管理者通过水平比较，能清楚地看到员工在不同阶段取得的成果。管理者从结果回看过程，对员工的能力水平进行评估。

横向比较法：管理者将员工的业绩与同部门、同岗位的员工的业绩进行比较，通过横向比较更容易发现员工在能力上的差距。同一岗位，工作内容大致相同，管理者以此为衡量标准，可以在评判员工时有依据、有抓手。

员工绩效考核结果不理想，原因分为内因和外因。内因指的是员工个人的能力、意愿、状态、经验等；外因指的是外部环境，如企业制度、文化、团队氛围等。管理者要通过绩效考核，找到员工绩效不佳的真正原因，从而对症下药，提高绩效。

四大内容

不教而杀谓之虐。管理者进行绩效改进是为了提高效率，使员工达成目标、得到成长，而非刁难员工。管理者为了达到这一目的，培训和辅导是必不可少的环节，而且是重中之重。

设定标准，给出答案，帮着走过去——这才是一个真正对结果负责的管理者应尽的义务。管理者要对绩效不达标的员工进行重点辅导培训，辅导培训的内容要与改进目标一致，做到强关联才能高成长。管理者在做辅导培训时至少应包括四大内容。

- 改进项目。管理者要确定员工需要改善和提高的项目，比如工作能力、工作方法、工作习惯等。管理者在明确了改进项目之后，不能急于求成，全面开花，要找到最紧急、最重要且最易于改进的项目进行单点击破。
- 改进标准。管理者制定的考核标准不应该一成不变，要随着企业的发展、目标的达成改进标准。管理者在制定了明确的标准后，能够有效激励员工为了达到标准而不断提高绩效水平。
- 改进方式。管理者要在绩效改进计划中对改进方式进行明确安排。绩效改进的方式有很多种，如培训、辅导、研讨会等。管理者要根据员工特质选择不同的改进方式。
- 目标期限。绩效改进要有期限，要限期整改。时间长短要根据改进项目和改进标准确定。管理者要注意的是，绩效改进时间既不能太长，也不能太短。太长，会增加企业管理成本；太短，则改进效果不容易显现。

解聘员工：雷霆手段，菩萨心肠

如果一个员工通过绩效改进仍然屡教不改，那么管理者一定要痛下杀手，解聘员工。

解聘员工在绩效考核中，看似是一个很简单的动作，对很多管理者来说实则是一大挑战。特别是在职场环境下，人们都擅长察言观色。在企业内部，解聘员工往往被视为破坏他们的生计，无论是在阿里巴巴还是其他企业，都是如此。

在阿里巴巴，做了三年管理者的人，如果没有解聘过人，则被认为是一个不合格的管理者。我在阿里巴巴担任管理者的第二年就主动解聘过一名员工。当时，解聘员工对我来说并不容易，因为这涉及人性。我第一次与老员工谈离职时，每当我提出一个问题，对方都有一堆理由反驳我。经过半个多小时的谈话，我甚至开始觉得应该离职的人是我。

幸运的是，我当时的经理和我一起参加了这次谈话。最后，经理结束了这场解聘谈话。这是我第一次解聘员工，整个过程非常难受，我既担心伤害员工，又纠结话应该如何说。这个过程真的应了那句话：解聘员工是对管理者的一种考验。

对于应该解聘的员工，有的管理者会心软，总是无限次地给予机会，希望"浪子回头"。殊不知"可怜之人必有可恨之处"，自己之前造成的错误已成定局还不吸取教训的这类员工，是不值得管理者去同情的。

管理者一定不能做"老好人"，宁可手下无兵，也要解聘与企业不合适的员工。因为管理者对"坏"员工的迁就和纵容，是对"好"员工的漠视和践踏。一个是非不分的管理者，只会带出一个乌烟瘴气的团队。

作为管理者，应该如何解聘不合适的人呢？

心要慈，刀要快

对于如何解聘不合适的员工，阿里巴巴曾用一句话给出了答案："心要慈，刀要快。"

心很慈，刀不快，不足以避风险；心不慈，刀却快，不足以平民心。最重要的是要有一个相对平衡的点。那么心需要多慈、刀需要多快才能达到这个平衡点呢？

"心不慈，刀很快"的例子很多，只能说明管理者在人情味方面做得不够优秀，唯业绩论。2017年11月，任正非在华为举行的人力资源管理纲要2.0沟通会上就指出："低效员工要坚持辞退，但可以好聚好散。"在辞退员工时，要多肯定被辞人员优点，甚至可以开欢送会，像送朋友一样，希望他们常回来看看。

对于"心要慈"，不用多想，这一定是正确的。管理者在面对员工时，采取的方式、方法更应符合人性的特点。所谓得人心者得天下，懂人性者得人心。而要将"心要慈"运用至实操层面，管理者需要在确保完全合规、无法律风险、可单独解约的前提下，使用协商及沟通的方式，相互成就，给足台阶。管理者不要试图"扼住对方的喉咙"，要保留对方未来发展的机会。

刀快与刀慢的效果截然不同。对管理者而言，刀不快，恰恰是因为担心开除员工无法解决实际问题，以致犹犹豫豫，拖拖拉拉。

开除员工讲究的是快刀斩乱麻，最忌讳的就是"拉锯战"。管理者如果对一个员工不满意，连续几次想开除他却没开除成，这就像是在反复拉锯，又似钝刀割肉，最是残酷无情。

刀要快，那到底需要多快呢？阿里巴巴给出了答案。

2016年，在阿里巴巴内部"中秋抢月饼"的活动中，安全部门的4个员工利用自己编写的程序成功抢到了124盒月饼，他们还没来得及开心，半小时之内就被管理者约谈，1个小时内完成解约，两个小时内离开阿里巴巴。从约谈到解约，阿里巴巴只用了1个小时，这就是阿里巴巴出刀的速度。

对于开除人这件事，管理者切莫钝刀割肉、小刀割肉，要么不动，要动就要快，手起刀落，利利落落。

"法理情"+"情理法"

开除员工是一件不太愉快的事，但管理者要尽量有情有义地开除人，做到"买卖不成仁义在"。管理者要学会正确地和员工"分手"，防止被开除的员工对企业心怀不满。

如何正确地开除员工？管理者可以从"法理情"和"情理法"两方面着手。管理者可以在做开除的决定时使用"法理情"，在实际开除过程中使用"情理法"。

"法理情"指的是管理者在考核员工是否应该被开除时，首先要从"法"的层面，即他是否违背企业制度的角度去考察，继而从道理、情感层面去研判处罚的合理性问题。

"情理法"指的是管理者做出开除决定后，在约谈员工时，首先从感情层面去谈，谈双方的感情，谈员工与企业的感情，对员工过往的付出进行肯定。然后从道理层面，表示这件事情于企业而言背离了价值观，于个人而言，如不进行处罚，别人出现同类问题，又该如何处理？企业的价值观存在的意义是什么？最后，管理者要根据企业制度进行相应处罚。在这种模式下，员工更易平和地接受处罚。

在实操环节，管理者容易在处理冲突时陷入情绪怪圈，以情绪去处理而非用逻辑去处理。这会造成员工的不理解，使员工觉得委屈。因此，管理者在开除员工时，一定要学会换位思考，不要使用情绪，而要去理解情绪。

管理者与员工谈完并不意味着结束，还需要进行全方位"消杀"工作。员工在离职时往往带有主观情绪，而情绪是会传染的。所以管理者在做开除动作时，一定要快，半小时之内搞定流程，尽快将此人送出大门，从最大程度上减少负面情绪的影响范围和程度。

"尽快将此人送出大门"看似冷血无感情，实则温暖有真意。究其原因，第一就是前期绩效考核结果已经进行了公示，大家对结果并不意外，只能"绳之以法"。第二就是"情理法"的谈话能够让被开除者深思。第三就是友好话别，畅谈未来，今日不合适，以后合适"再续前缘"。

值得注意的是，开除与解雇二者有本质区别，解雇是因为企业业务调整而产生的人员调整，会按照法律程序进行赔偿。

管理者要有菩萨心肠，雷霆手段；管理者要做工作中的"魔鬼"，生活中的好人。这句话和各位管理者共勉。

绩效考核工具

表 3-3 绩效改进计划表

被考核者		部门		职位		时间	×年×月×日
考评者		部门		职位		数据提供部门	
从以下四个方面进行不良绩效描述（分别用数量、质量、时间、费用及客户满意度等标准对各方面进行描述）： • 业绩 • 行为表现 • 工作能力 • 工作态度							
从以下三个方面进行不良绩效原因分析： • 工作能力 • 工作态度 • 外部资源							
绩效改进计划：							
绩效改进计划开始时间：×年×月×日 绩效改进计划结束时间：×年×月×日 直接上级：　　　　　　　　　　　　被考核人： 　　　　　　　　　　　　　　　　　　　　　　　×年×月×日							
改进计划实施记录： 直接上级：　　　　　　　　　　　　被考核人： 　　　　　　　　　　　　　　　　　　　　　　　×年×月×日							

绩效考核练习

一、请你对团队成员进行分类,并把分类标准写下来。
二、请你选择团队里需要进行绩效改进的员工,针对绩效改进项目做绩效改进计划表。

复盘：不迁怒，不贰过

赋能人的第二个动作是复盘。

"复盘"是指"重新考虑，回顾，反思，评价"。在阿里巴巴，我们更喜欢将其称为"时光倒流"。到了每月月终的时候，无论是管理者还是团队成员，大家都要一起围绕本月结果、绩效考核等情况进行复盘，反观如果这个月重新来过，哪些方面可以做到更好，哪些方面有值得借鉴的地方并值得持续去做，哪些方面有欠缺，哪些方面可以进行提升。

学习"复盘"，并不是要管理者把自己企业的管理工具名称修改为"复盘"，而是要管理者结合自己正在使用的这一管理工具，了解其核心目的、背后的逻辑及动作等，从而更好地运用这一工具，带领团队拿结果。

在阿里巴巴任职的9年时间里，我们每天、每周、每月、每季度、每半年、每年都在做复盘。我们常常戏称："在阿里巴巴，没有什么是一场复盘不能解决的。如果一场复盘不能解决问题，那么就做两场。"

每次在做复盘时，管理者都会如坐针毡。因为在复盘的过程中，管理者的管理问题、团队成员的问题、目标达成情况、价值观问题等都会暴露出来，一览无余。在复盘的过程中，团队成员之间直言不讳，"刀刀见血"，直击问题要害。对管理者自己和团队成员来说，每一次复盘都是一次酣畅淋漓的体验。

除了阿里巴巴，很多企业都在使用复盘这一管理工具，比如联想，柳传志先生说："复盘是联想认为最重要的一件事。当一件事情做完以后，无论做成功了还是没做成功，尤其是没做成功的，我们坐下来针对当时的这个事情，回想预先是怎么定的、中间出了什么问题、为什么做不到，把这些理一遍。理一遍以后，下次再做时，我们自然就能吸取这次的经验教训了。"

作为复盘理念的倡导者及践行者，柳传志先生从中受益匪浅。2017年1月，在由联想传奇社（成员为曾在联想任职的人及退休员工）组织举办的迎春联欢会上，柳传志就很明确地讲道："论智商，中等偏上，说情商，比较在线，在与别人的对比中如何能产生巨大优势，恰恰就是善于复盘，勤于复盘。"

易到用车创始人周航在《重新理解创业：一个创业者的途中思考》中写道："复盘应该像吃饭一样——大事复，小事复，月月复，天天复。并不是凡大事才复盘，复盘可能只需要5分钟，也可能需要一个晚上，但它是一个时时刻刻都需要进行的动作，复盘不仅针对事件，还有感受——你感觉哪里好、哪里不好。"

为什么众多企业、企业经营者、管理者如此钟情于复盘这一管理工具呢？

归纳起来,有三个视角。

对管理者来说,复盘是一次"照镜子"的机会。通过复盘,管理者可以发现自己在管理中的不足和问题,从而修炼管理能力。同时,复盘是管理者拿结果的"抓手"。通过复盘,管理者不仅可以及时掌握业务的进展情况,发现过程中的问题,还可以了解团队的整体情况,员工能力和心态与当前的业务是否匹配,有哪些可以提升的地方,从而制订改进方案,推进下一阶段的业务发展。这意味着复盘不仅可用于赋能人这一阶段,而且可以运用于定目标、抓过程阶段。

对员工来说,通过复盘,员工能够更加清晰地了解自己的优点和不足,查缺补漏,获得成长,从而达成目标。员工通过复盘,可以"吃一堑,长一智",避免"好了伤疤忘了痛"。

对企业来说,复盘可以帮助组织提升绩效,迸发源源不断的组织力量,使企业在前进的道路上披荆斩棘,走向高质量发展的道路。

虽然复盘的价值不言而喻,但在实际操作中,很多管理者反映,复盘做着做着就沦为一种形式,既看不见效果又费时费力,还会被员工和上级管理者厌烦。这是因为你做的复盘只停留在表面,没有与员工进行深度碰撞,也没有总结出可落实的、可复制的方法。

如何避免复盘流于形式?怎样做高质量的复盘?高质量的评判标准又是什么?在我的另一本书《复盘工作法》里有关于复盘的详细操作方法,读者可以进行辅助阅读。这里,我主要从"拿结果"的角度分享管理者在复盘过程中容易出现的错误及核心要领,这是《复盘工作法》里没有的内容,也是近两年我重新迭代、升级、体悟到的。

复盘文化:求真、求实、求学、求诚

在过往实践中,我总结出复盘的7个常见问题。

- 流于形式,走过场;
- 自己骗自己,证明自己对;
- 纠结观点,而非事实;
- 强调客观,推卸责任;
- 追究责任,开批斗会;
- 简单结论,回避冲突;
- 归因双标,宽于律己,严于律人。

你的复盘是否也面临以上7个问题?

一家电子产品企业的首席执行官讲过这样一个故事。这家企业的分销业务条线中有1 000多个员工,年营收约100亿元。有一年,因为工作失误,企业失去了一条最重要的产品线,造成企业年利润减少1 000万元。事发后,首席执行官提议这条产品线上的管理者做一次复盘,防止以后再发生类似的错误。但该条产品线的管理者认为复盘是对他进行问责,因此愤而离职。

事后，这个首席执行官在反思为什么那个管理者会如此排斥复盘，并且对复盘误解如此深的时候，认为是自己的复盘过于简单粗暴，没有把握好时间和节奏，与产品线管理者的沟通不到位，导致复盘失败。

《论语·雍也》中讲了这样一个小故事：鲁哀公问孔子，你的学生中谁是好学的？孔子说是颜回。谈及原因，孔子说颜回"不迁怒，不贰过"。孔子眼中的好学就是"不迁怒，不贰过"。什么是"不迁怒，不贰过"呢？这就是指一个人犯了错而不迁怒于他人，犯过的错不会再犯第二次。孔子有几千个学生，只有颜回做到了这点。

复盘难在哪里？

难在没有与之匹配的文化，也就是管理者没有在企业或团队中构建复盘文化。如果没有好的复盘文化，就算复盘的逻辑再自洽，方法和工具再实用，最终也会沦为形式，成为"踏踏实实跑流程，认认真真走过场"。

简单来说，一家企业、一个团队建立好的复盘文化，是解决上述所有问题的根本。

什么是好的复盘文化？其包含4个特点，如图3-6所示。

求真　　求实　　求学　　求诚

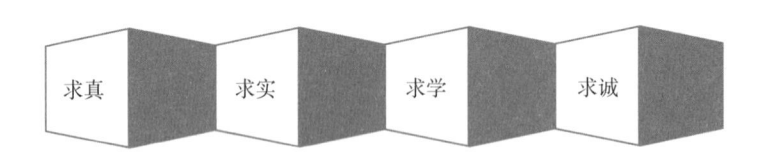

图3-6　好的复盘文化的4个特点

求真

求真是指用事实说话，实事求是，不是自己骗自己，证明自己对。

管理者如果花了大把时间去做"假问题"的复盘，那么得到的结果也会是"假结论"。而其造成的后果就是在"假结论"的基础上，产生的认知偏差会骗自己和骗别人，对团队有百害而无一利。无论如何，形式大于内容的东西，宁可不做，也不要为做而做。求真是复盘的根本，本立而道生。

复盘要做到求真，唯一路径就是以真求真，不伪造数据，不避重就轻，分析要有足够的深度。管理者如何判断员工是否用心去准备复盘？管理者可以直接从员工所总结的经验和分析改进之处去看，看这些内容是否"假大空"，是否为放之四海而皆准的标准答案，是否具备实操可行性和足够细化的颗粒度。

什么是"假大空"呢？

比如企业某个月的业绩目标完成得不太好，在复盘原因时，员工想当然地罗列了很多放之四海而皆准的原因，比如市场是新开拓的，自己对市场的了解程度不高，对市场的预判存在偏差……对应的解决方案是多熟悉市场、多接触客户等。这些就是"假大空"的原因。员工看似分析了问题，但是拳不到肉，避重就轻，对于解决实际问题没有任何帮助。

当出现问题之后，员工如果在进行反思和总结时总是找"假大空"的理由和客观原因，是得不到成长的。作为管理者，要规避或杜绝此类情况，就要提高追问能力。对于"假大空"

的理由，管理者要追问颗粒度，比如员工接触了多少客户，什么时候见的，客户需求是什么，等等，这些都要追问清楚。对于客观原因，管理者要追问员工是否发挥了最大主观能动性。

管理者要在复盘中做到知行合一。复盘时，人性中的趋利避害会使管理者、员工刻意隐瞒对自己不利的情况。尤其是在群体复盘时，管理者害怕说出自己的问题会影响自己的权威；员工害怕说出自己的问题会失去团队的认可。

管理者可以从三个方面尽量减少趋利避害的现象。

正向引导：管理者在复盘前，引导大家重温复盘的目的、意义与价值，树立实事求是的原则，鼓励员工以解决问题为主，切忌推诿责任。

恪守方法：正确的复盘方法有助于呈现客观真实的问题。管理者和员工在进行复盘时要运用正确的方法，如认真梳理过程、不为失败找借口等。

刨根问底：对待一些关键环节、关键事实，管理者和员工要有刨根问底的精神，一定要想清楚、问清楚、说清楚，不要含含糊糊、一笔带过。

求实

求实是指管理者要深入分析，挖掘根因，而不是让复盘流于形式，走过场，说客套话。

比如，复盘过程中，员工在总结问题时往往倾向于找客观原因而故意忽略主观原因，员工只说好的，过滤掉不好的。管理者在进行复盘时也只说一些"做得不错""继续努力"之类不痛不痒的话。整个复盘可能不到半个小时就结束了。最后的结果就是你好我好大家好，却没有解决任何问题。这样的复盘没有任何意义，对工作的推进没有任何作用，而且持续下去会导致惯性疲惫。

复盘如何实事求是地进行？我认为需要从两个层面来确保复盘实事求是。

第一个层面是组织层面。企业要为复盘营造适配的氛围环境，从机制、制度等方面为复盘"保驾护航"。比如，企业要为复盘留出足够的时间，配备足够的资源。

第二个层面是管理者层面。管理者应该独具慧眼，在日常工作中发现员工身上的某些特质，通过复盘环节员工本人的陈述与管理者已收集信息进行对比，可以发现隐藏细节，进而深度剖析，发现问题，解决问题，使员工不断成长。

求学

求学是指寻求改进，通过学习提高本领，不是透过推责，开"批斗会"。

从实操角度来看，复盘一定会在主观意愿与客观现实之间、组织内外部与团队各成员之间进行交互。如果说"求真"及"求实"在"事"的层面对交互质量有规定效应，能够确保探讨及谈论的都是事实和真相，那么"求学"便能够在"人"的层面通过复盘直接影响员工可以学到什么以及愿意改变什么。

在复盘时,"冲突的和谐"是管理者要遵循和重视的原则。管理者要就事论事,就事对人进行充分分析,依靠充足的案例而非主观臆断去评价。否则,员工可能会认为管理者在故意找碴儿。

"拥抱变化,虚心若愚;拥抱错误,求知若渴"这16个字概括了复盘的"求学"精髓。

在复盘中如何做到求学?反思是打开求学之门的钥匙。如果一个人对错误没有清醒的认知,就会一错再错,错上加错。反思自我时一定要集中在一点上——我能从中学到什么。如果管理者和员工在复盘中能洞察到自己行为模式的盲区,那复盘就有价值和意义。

求诚

复盘是团队成员之间的交互,为了探求"真问题的洞察力",需要遵循"有话直说,有话好好说"的原则。如果说反思自我是真心实意,那么坦诚表达就是修炼复盘沟通的能力,这确实是一个技术活。

"有话直说"的表层含义是"直言不讳",对自己的观点、主张不做隐瞒,不含糊其词。"有话直说"真正的挑战在于如何合情合理地表达不同的观点,提出中肯的反对意见。良药苦口利于病,忠言逆耳利于行。我们在日常工作中,要虚心接受反对的声音,不屏蔽不同的观点。

在复盘中,有的管理者会直接表示:"你说得不对,你的观点我不赞同,我不这么认为。"这样说话的好处是大家不用绕弯子,都能听到最真实的反馈。但缺点在于这样说话容易使复盘的氛围变得紧张,影响后续的沟通。

与有话直说的管理者相反,有的管理者不想惹麻烦,对员工的表述只表示认同而不表示反对。这样复盘的整体氛围虽然好,但不够真诚,对解决实际问题也毫无帮助。

如何才能做到求诚,有话直说、好好说呢?我将复盘沟通要遵守的"三原则"分享给大家,如图3-7所示。

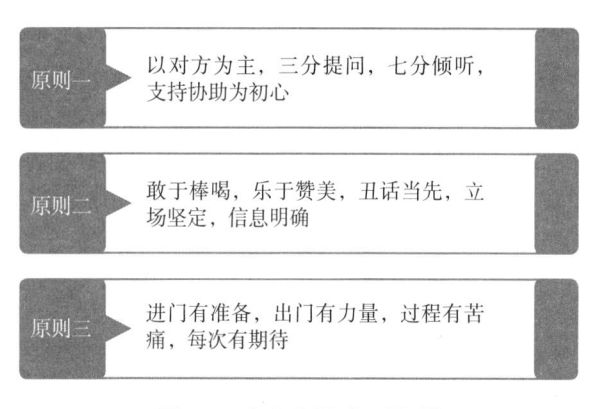

原则一	以对方为主,三分提问,七分倾听,支持协助为初心
原则二	敢于棒喝,乐于赞美,丑话当先,立场坚定,信息明确
原则三	进门有准备,出门有力量,过程有苦痛,每次有期待

图 3-7　复盘沟通"三原则"

求诚的目的是让观点相互交融,而"有话直说,有话好好说"的核心在于让管理者和员工将各自的观点充分表达出来。管理者和员工要做到真正的相互理解,最重要的前提条件就是搁置争议,这样才能碰撞出思想的火花。

管理者在"求真""求实""求学""求诚"这4个方面不断修炼,不断复盘,不断迭代,组织便能形成良好的复盘文化。

复盘文化虽然只有简单的 8 个字,但要做到并不容易。这让我想起鲁迅先生的那句经典名言:"真的猛士,敢于直面惨淡的人生,敢于正视淋漓的鲜血。"

在企业、团队形成好的复盘文化后,这种文化会反过来滋养组织中的每个个体。好的复盘文化会使员工对自己的优劣势有清醒的认知,并在此基础上拟定目标,实现个人成长。员工得到成长后,又会提升工作效率,增加团队的战斗力,帮助企业实现更好的发展。

复盘质量标准:借事修人

以终为始,只有了解复盘的评价标准,管理者才能知道复盘做得好与坏,从而不被种种形式和流程误导,将复盘用到极致。

复盘质量的评判标准是能否借事修人。"借事修人"是指管理者要借复盘提升自己和团队成员的能力。"借事修人"听起来很宏大,是否有更为细化的标准呢?

通过我在阿里巴巴任职期间的体悟,以及创业后对数千家企业做复盘培训的实践,我认为好的复盘要达到"借事修人"的目的,需要具备四大标准。

不贰过

前面提到鲁哀公与孔子的对话,孔子表示颜回好学,"不迁怒,不贰过"。其中"不贰过"就是复盘最大的意义。人难免会犯错误，但绝不能重复犯错误。好的复盘可以使管理者和员工避免在同类问题上再犯错误。

发掘新

温故而知新。通过复盘，管理者要挖掘解决问题的新思路。比如，业务流程是否有新的变化？决策机制和原则是否有新的调整和优化？如果有变化，那么这次复盘就是成功的。

借事修人的复盘一定伴随着痛苦，因为复盘要求管理者和员工敢于亮出不足，走出舒适圈，打破以往的习惯，尝试全新的方法，开辟全新的目标实现路径。

瞄着打

管理者往往会在年初制定业务目标，但结果要到年底才能拿到。结果是好是坏，谁都不知道。管理者要摒弃"开盲盒"的心态，从制定目标的第一天起就不断复盘，在过程中瞄准目标，调整策略和动作，使"蒙着打"变成"瞄着打"。

如果管理者能做到在每一个周期、每一个关键节点上复盘，就会越来越清楚目标达成路径，更容易拿到结果。

找规律

复盘的本质是管理者和员工找到解决问题的规律，从而按照规律办事。东方甄选为何能在很短的时间内转型成功？根本原因在于东方甄选掌握了规律。

东方甄选的主播原来是老师，他们擅长的不是卖货，而是讲课。如果他们完全放弃自己的优势，像别的主播那样喊着"5、4、3、2、1，上链接，大家赶快抢购"的口号卖货，就失去了自己的特色。为了在保持自己的特色的同时顺应直播的规则，东方甄选总结出了一套"3331"法则：30%讲英语，30%讲百科知识，30%讲人生哲学，10%讲金句。最终，他们成功"出圈"。

表3-4为复盘质量评估表，管理者可以根据以上4个标准对自己的复盘进行打分，查缺补漏。

表3-4 复盘质量评估表

评价要素	评价等级				
	差(1分)	较差(2分)	一般(3分)	较好(4分)	好(5分)
复盘后，之前发现的问题是否再次出现					
复盘后，管理者能否发现新知识、新方法					
复盘后，管理者心里对拿结果是否笃定					
复盘后，管理者能否找出问题的根因，发现解决问题的规律					

复盘"三招九式"：搭场子

我们在服务企业的过程中发现，很多企业的复盘做着做着就成了一场"扒皮大会"。在复盘的过程中火药味儿十足，团队成员彼此指责、推卸责任，管理者和员工互相拍桌子、瞪眼睛。更离谱的是，有的管理者反馈，每一次复盘过后，都有员工提出离职……

为什么会出现这样的情况呢？核心原因在于管理者没有掌握高质量复盘的方法。阿里巴巴讲究"搭场子"，简单理解就是构建复盘的场所和渠道。复盘就是搭建一个让团队共同发现问题、解决问题的"场子"，让大家坦诚相见，用客观的形式对真实的东西进行交流和讨论。

为了帮助管理者做高质量复盘，避免把复盘开成"扒皮大会"，我总结出做好复盘的"三招九式"，如图3-8所示，帮助管理者搭好复盘场子。

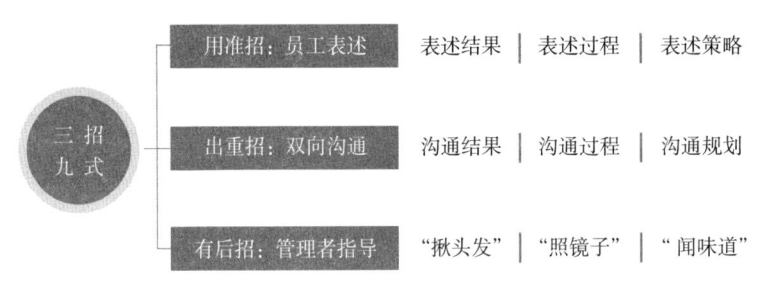

三招九式			
用准招：员工表述	表述结果	表述过程	表述策略
出重招：双向沟通	沟通结果	沟通过程	沟通规划
有后招：管理者指导	"揪头发"	"照镜子"	"闻味道"

图3-8 做好复盘的"三招九式"

用准招：员工表述

复盘"三招九式"的第一招是用准招——员工表述。

员工表述是复盘的第一步，具体是指员工将上一个月（上一周或上一个季度等）的目标达成情况、绩效考核情况、价值观情况进行汇报，真实地呈现自己拿结果的情况。这个过程有一点儿像记流水账：某人在某时某地出于某种考虑做了某事，达成了某种结果。

为了避免复盘流于形式，管理者要在复盘之前对团队成员进行培训，告知复盘时团队成员需要表述的内容，让团队成员提前做好准备。通常情况下，员工可以按照时间顺序进行表述。当然，这并不意味着员工要事无巨细地将工作内容全部表述出来，只要选择重要和关键的事项即可。

在员工表述阶段，员工需要表述三大内容，这也是复盘"三招九式"的前三式，即表述结果、表述过程、表述策略。

表述结果

员工如实地表述上一阶段的目标达成情况，具体包括是否达到目的、是否达成目标。在表述结果时，管理者要让员工用可量化的数据表述，避免出现"很多""一些""不错"等表达模糊的形容词，用具体的数据直观地呈现最终的结果，如表3-5所示。

表3-5 结果对比

	当初期望的/当初制定的	现在实现的
目的		
目标		

是否达成目标的表述很简单，通过数据就能一目了然，而目的是否达到不容易判断。例如，某企业年初制定销售目标，要求A产品的年度销售额达到1亿元。为什么是这个数字？因为该产品必须达到1亿元的销售规模才能实现盈亏平衡。管理者从这个目标可以看到，该企业的真正目的是实现盈亏平衡。

"目标"是由"目的"倒推出来的，管理者要先用"目的"

来表述期望，再用"目标"来衡量结果。有的管理者可能会问，能不能将实现盈亏平衡作为企业的目标而不是目的？答案是不能，因为目标要明确、具体、可衡量，实现盈亏平衡是难以量化的指标，因此不能作为企业的目标。

表述过程

在表述过程阶段，员工可针对过程数据、过程问题分析等方面进行表述。员工要尽可能地从自身出发，挖掘工作中的主观问题，避免出现推卸责任、避重就轻的情况。

在员工表述过程时，管理者要引导员工"说人话"，把业务过程中的所思、所想、所做、所感梳理清楚。只有建立在具体的业务场景之上的复盘才有助于大家探究问题的真相。

表述过程是复盘成败的关键，在这一步上花费时间是值得的。如果这项工作做得不够扎实，那么随着复盘的展开，终究还是要回到这里，将逻辑推断需要的事实性信息补充完整。

同样以销售岗位为例。首先，员工可以列举出几个影响业绩结果的关键数据，如用户触达量、用户转化率、拉新量等；其次，员工根据数据找出过程中存在的问题并分析其原因，如用户触达量过少、销售话术不熟练、缺少拉新动作等；最后，员工根据分析结果提出相应的改进计划。

表述策略

在表述策略环节，员工要表述当初设想的用以达到目的和实现目标的策略有哪些，自己在达成目标时用到的策略有哪些。

组成策略的三要素是策略、策略相对应的指标以及策略分解后的关键行动。例如，策略可以是渠道需要拓展城市规模；策略对应的指标则是指，如果要完成目标，策略需要执行到何种程度，才可以使渠道实现城市规模的拓展；策略分解则是执行端的细化和关键动作。在实际管理中，管理者需要做的是引导员工进行逻辑表述，避免有目标无目的、有目的无目标的情况发生。

在员工表述环节，员工要对上一阶段工作进行回顾，这意味着当初是什么样，复盘时就要还原成什么样。

在员工表述环节，管理者要将展示的舞台完全交给员工，让其从自己的视角进行单向表述。管理者以倾听为主，不要做出打断、挑毛病等干预行为，要抱着支持、鼓励、协助对方的心态。当员工因紧张出现表达逻辑混乱、表述内容过少的情况时，管理者可以对其进行引导，如用鼓励的话语让员工放松心情。

管理者这样做的目的是希望员工多表达，从而让更多真实的问题暴露出来，以便之后在沟通和指导环节能够给员工提出更贴切、更真诚的建议。

还要注意的一点是，除了倾听员工的表述，管理者还要重点考察员工对内容的准备是否认真充分。比如，我在给员工做复盘前，会让员工提前一周将 PPT 发送给我，如果不合格要返工重做，一次高质量的复盘要以充足的准备为基础。另外，许多新员工对复盘缺乏认知，管理者要提前帮助这些新员工准备复盘的表述环节。管理者可以通过事前开会强调复盘的重要性，制作并发送复盘的PPT模板，委派老员工进行辅导，让新员工迅速建立对复盘的认识，帮助其在员工表述环节表现良好。

出重招：双向沟通

复盘"三招九式"的第二招是出重招——双向沟通。

在复盘中双向沟通是拨开表象、挖掘本质的过程。对管理者来说，做好这一环节要面临很大的考验，需要具备透过现象看本质的能力。在这一过程中，管理者和员工要通过工作结果和过程共同发现和分析问题，抽丝剥茧，找到问题背后最本质的原因，最终达成共识，从而对下一阶段的工作方法产生正向影响。

在沟通的过程中，管理者一定要遵循"三分提问，七分倾听"的原则，每发现一个问题，都可以对员工进行追问，一直问到问题的本质。

在双向沟通阶段，管理者需要和员工沟通三大内容，即沟通结果、沟通过程、沟通规划。

沟通结果

在沟通结果环节，管理者要将员工的结果与目标进行对比，找到实际的结果和希望的目标之间的差别。我们将结果与目标进行对比，如表3-6所示。

表 3-6　结果与目标对比表

类别	目标	结果
新增		
消失		
结果 = 目标		
结果 > 目标		
结果 < 目标		

"新增"表示目标中没有的项目,"消失"表示目标中有的项目,"="">""<"分别表示结果和目标相同、结果好于目标和结果不如目标。

以保险代理人小张为例。他原计划在拜访客户时讲养老保险和大病保险,但在真正了解客户之后发现,客户不仅配置了大病保险,还进行了子女教育保险的配置,而且这个客户的大病保险额度较原来高一倍。在这个模型中,养老保险对小张而言就是消失的项目,子女教育保险就是新增项目,大病保险就是一个超额完成的项目,如表 3-7 所示。

表 3-7　保险业务结果与目标对比表

类别	目标	结果
新增	0	子女教育保险
消失	养老保险	0
结果 = 目标	—	—
结果 > 目标	大病保险	额度高一倍
结果 < 目标	—	—

通过对比表格，管理者可以为员工指出需要关注的问题，简单直接地了解整个事情的来龙去脉，明确哪些是意外，哪些是需要格外关注的。通过此类分析，员工就可以完整清晰地设定关注重点，在整个拓客的过程中做到心中有数。

结果不仅要与目标进行对比，更要放至行业内进行平均完成情况对比，这样可以清楚明白地了解到结果在行业中所处的位置，也能从另一个角度验证目标的合理性。如果一家企业自己初设的目标为业绩增长30%，而整个行业完成了成倍增长，那么这个目标就是失败的，是毫无意义的，企业很容易被行业内竞争者拉开差距，丢失市场份额。

当然，值得注意的是，管理者进行结果的横向和纵向对比，不是为了发现差距，而是为了发现问题。

沟通过程

沟通完结果，管理者还要与员工沟通过程。只有好结果没有好过程的工作只能算是昙花一现，因为管理者无法从中总结、复制工作方法。只有好过程没有好结果的工作只能算是空中楼阁，因为这既不务实，又违背了绩效导向的原则。因此，在复盘时，管理者一定要将员工的工作结果和过程结合起来，正确看待两者之间的关系。

过程维度的重点是管理者根据团队的实际情况制定标准，并与员工达成共识，最后按照这个标准来判断员工工作结果的好坏。过程维度强调员工完成工作的策略和方法。关于过程维度，我总结了以下4种类型，如图3-9所示，并给出了应对方法。

过程维度	好结果 + 好过程	好结果 + 坏过程	坏结果 + 坏过程	坏结果 + 好过程

图 3-9　过程维度的 4 种类型

一是好结果 + 好过程。管理者可以让员工总结优秀的工作方法，并在团队内部分享、复制。在阿里巴巴，每次复盘结束后，表现优异的员工总会将自己准备的内容在团队中分享，使好的工作方法有机会得到全面复制。

二是好结果 + 坏过程。管理者要提醒员工，找出造成结果好但过程坏的关键因素，比如是否因为前几个季度的铺垫和积累在本季度刚刚发挥成效。如果是这种情况，员工就要提高警惕，因为本季度的不良表现将对未来的结果造成影响。因此，管理者不能推崇唯结果论，不能沉浸在对好结果的满足之中，要长远地看待问题。

三是坏结果 + 坏过程。管理者要先看员工改进的意愿，如果员工意愿不高，管理者要直接进行"棒喝"，必要时还要让员工签署绩效改进计划书。如果员工之后连续两个季度都如此，管理者要坚持"心要慈，刀要快"，对其做出辞退的处理。

四是坏结果 + 好过程。管理者要审视整个过程，透过现象看本质，追问员工是过程造假，还是工作技能出现了问题。

沟通规划

阿里巴巴的员工常说："今日因，明日果。"管理者要明白，员工当下的工作结果不是一时造成的，只有未来的结果才是由当下决定的。所以在与员工沟通的过程中，管理者要重视员工对后续工作的规划，只有这样才能在未来收获好的结果。

规划维度要聚焦在下一阶段员工对目标、成长、团队三个方面的计划上。

- 聊目标。管理者要与员工沟通下一阶段的整体目标，帮助员工明确目标，并探讨目标的可行性。
- 聊成长。管理者要对员工的成长抱有期许，和员工沟通其对未来的期许和职业规划，帮助员工找到前进和努力的方向，并和员工一起明确具体的目标达成路径和方法。
- 聊团队。管理者一定要和员工聊一聊他们对团队的建议和期许，让员工明白"因我而不同"的道理，使团队增强凝聚力和向上力。

有后招：管理者指导

复盘"三招九式"的第三招是有后招——管理者指导。

员工表述和双向沟通主要针对业绩和业务层面展开，管理者指导则聚焦于赋能员工这一层面。

在管理者指导阶段，管理者需要通过"揪头发""照镜子""闻味道"这三个动作来赋能员工，使员工"出门有力量"。这三个动作就是复盘"三招九式"的后三式，如图3-10所示。

图 3-10　复盘"三招九式"的后三式

"揪头发"

"揪头发"是指管理者让员工上升一个台阶看问题,从而提升其眼界,培养其向上思考、全局思考和系统思考的能力。比如,做复盘的是业务专员,管理者要让他从管理者的角度看问题;做复盘的是基层管理者,管理者要让他从区域管理者的角度看问题。"揪头发"共有两个维度。

维度一:让员工看到当前工作的全景。

维度二:让员工看到自己当前的工作与企业整体业务战略布局之间的关系。

管理者要让员工看到当前工作的全景,从点、线、面、体的维度全面看清事物,拓宽其视野,培养其全局思维。员工不能陷入工作的一个点,否则就会不知道自己做这件事的原因和价值,逐渐失去动力。所以,管理者要帮助员工"揪头发",让其上升一个层面看问题,真正融入整体业务战略。

管理者要让员工看到自己当前的工作与企业整体业务战略布局之间的关系,看到这项工作在同行业中的位置,从而帮助他们看到一个个点如何逐渐与战略布局连接成线、成面,最后形成整体。

以我现在的团队为例，我们团队希望以"阿里巴巴管理者基本动作"这一课程为切入点，帮助管理者获得成长、取得成功，之后再逐步扩大课程覆盖领域。在复盘时，有的课程研发人员认为该课程内容太过基础，只涉及日常管理场景。他们之所以产生这种想法，是因为没有看到外部客户的需求和公司的战略布局。

这时，我会帮助他们"揪头发"，让他们明白，对企业而言，管理是一个大问题，许多管理者看似懂管理，实际上连管理的一些基本动作都做不好，更不要说战略、组织等层面。当管理者帮助员工认识到他当前工作的意义时，员工才能真正为企业创造价值。

管理者对员工最重要的赋能就是让他们看到企业发展的方向和希望。员工如果看不到企业的发展前景就会产生疑虑。因此，管理者要把员工当成真正的伙伴，主动将企业的发展规划告诉他们。

还是以我自己的团队为例，在复盘时，我会告诉员工企业的未来愿景：成为一家教育科技企业，最后发展成一家互联网企业。我会将企业未来三年、五年、十年的规划清晰地展现在员工面前，给予员工力量，让其看到自己工作的意义和价值。

"照镜子"

管理者与员工要相互成就，成为彼此的镜子。在给员工"照镜子"的过程中，管理者要将自己所看到的东西客观、真实地反馈给员工,真诚地为对方提供建议。在复盘过程中,"照镜子"分为两步。

第一步:明确职业生涯规划。

管理者要帮助员工明确职业生涯规划,看他是否真心喜欢现在所做的工作。员工只有从喜欢与热爱出发,才能全情投入工作,努力学习,不断提升自己。因此,在"照镜子"的过程中,管理者如果发现员工做这项工作不是出于自身的兴趣,就要大胆、真诚地给出一些建议,帮助其更好地找到自己的定位和方向。

第二步:明确自我认知。

管理者要通过"照镜子"的方式帮助员工不断明确自我认知。很多员工的工作能力没有问题,他们绩效不达标的根本问题是对自己没有清楚的认识,也没有目标规划。这时,管理者需要帮助员工明确自己的阶段性目标,引导他们树立未来一年、三年、五年的目标。管理者要让员工清楚自己想要成为什么样的人,明白自己有什么、想要什么,以及能够放弃和付出什么,帮助员工明确自己的使命、愿景和价值观,并用正确的理念去引导他们,点燃他们心中的那团火。

"闻味道"

在复盘的过程中,员工会呈现出工作中的方方面面。管理者要通过这些"闻味道",看看员工的言行表现与公司的价值观是否匹配。通过员工对阶段性工作的总结和对未来工作的规划,管理者可以判断其是否能够成为志同道合的伙伴,能否一起走得更远。

阿里巴巴是一家极其重视价值观的公司。因此，在复盘时，管理者会从"客户第一、团队合作、拥抱变化、激情、诚信、敬业"这六个方面重点考察员工的价值观。由此可以看出，"闻味道"既考验管理者对企业文化的理解，也考验管理者的洞察力。管理者要能够通过"闻味道"来判断员工对客户价值、团队价值的理解，以及员工对诚信、敬业等企业价值观是否认同。

复盘过程中的三个动作是帮助员工成长、为员工赋能的有效工具。管理者一定要对员工的价值观有足够了解，以理解和支持的心态帮助员工不断成长，让员工迸发出激情与力量。管理者在复盘时，要懂得"事在人为"。做正确的事，选择正确的人，正确无误地做事是一家企业变得优秀的关键所在。

如果在管理过程中，管理者发现需要做的事情没有做成，需要完成的目标没有完成，在复盘时就需要深入反思，到底是目标制定偏离了轨道，还是人员配置没有实现最优组合。管理者一定要全方位地思考"事""人""为"，思考到底是哪个环节、哪个方面出现了问题，抓住主要矛盾，找到最核心的原因。

在实操过程中，企业经营者或高层管理者应将注意力集中在"事"上，因为这个字涵盖了战略问题。而很多中层管理者只是在承接企业分解的目标任务，带领团队想办法完成任务。所以中基层管理者重心要放在"人"上，关注如何搭建团队，如何吸引关键人才，如何进行团队激励，如何为团队赋能，等等。一线员工则更应该关注如何完成分解至自身的目标。因而，"事""人""为"贯穿了整个企业的活动周期，理应作为复盘的核心要点。

复盘的三个环节一定要拳拳到肉，刀刀见血，管理者切莫陷入空想主义，因为缺失逻辑的复盘是无效的复盘。

在这里，我分享一个复盘的案例，来帮助大家更好地理解如何做复盘。

我们服务了一家成立20年的企业。这家企业目前出现了组织效能低、人员懒散的问题。我们在给这家企业一个业务负责人做复盘时，首先做了一个动作——打开心态，然后才开始谈具体的问题。为什么要先打开心态？因为如果这个业务负责人采取的是防守的心态，将自己包裹起来，那么复盘时所有的谈话他都不会真正听进去。一步错，步步错。

在业务负责人以开放的心态对待复盘后，我们开始从"事"的层面分析问题。这个业务负责人带领的团队为企业贡献了最多的营业额，团队业绩一直稳步增长，但增速很慢。从经营思维来看，这个业务负责人制定的目标大而空，没有具体的落点。目标之所以大而空，是由于这个业务负责人没有进行"四看"——看市场，看客户，看同行，看自己。

在我们的帮助下，这个业务负责人重新梳理了目标。他通过看市场，看到企业所占的市场份额是多少，所在省份的整体市场体量是多少，明确了企业在未来的发展空间。接下来，这个业务负责人又通过看客户，将客户进行分类，同时找到客户成交和未成交的原因。看完客户后，这个业务负责人通过看同行和看自己，以全局视角找到了自己与别人的差距。

这次复盘之后，这个业务负责人重新认识到了自己的角色定位，发现了自己在管理团队中的一些问题，树立了问题导向思维，从自己"开刀"，找到自己喜欢和热爱的事情之后，千方百计地解决问题，赋能于人。

最后分享阿里巴巴内部关于复盘的几句"土话"：

- 复盘的初心是赋能员工，让员工感知自己的不足，进而给其一个修炼场，给予其进步的力量。
- 复盘的过程不是让员工遍体鳞伤，而是要在一个地方捅出血，这样员工才会更深刻地反思。
- 任何不能赋予员工力量的复盘都是"耍流氓"。

复盘工具

表 3-8 绩效面谈方案

复盘流程	细则描述
复盘前的准备工作	1. 收集整理员工的业绩数据。（分为过程数据和结果数据）
	2. 收集一些员工和客户具体成交或未成交且具有典型代表意义的案例。（例如，坏过程＋好结果，坏过程＋坏结果，好过程＋好结果，好过程＋坏结果）
	3. 明确员工问题，帮助其思考改进的方案，确定"三好一改进"的谈话策略。
	4. 明确具体时间、地点以及参与此次复盘的人员，提前通知。
复盘中进行流程	1. 营造一个轻松自在的复盘环境与氛围，有助于打开员工心扉，开始前可以先聊一些轻松的话题。
	2. 切入正题，明确告知员工此次复盘的主题是什么，为什么要进行复盘，以及进行复盘的目的和意义。
	3. 让员工自己总结近段时间的业务和自身情况，做自我盘点和自我评价。（管理者及时对员工的总结情况给予反馈、肯定，不要急于反驳，耐心倾听对方的表述）
	4. 进行双向沟通，呈现实际的结果、过程和规划方面的内容，深度挖掘员工内心想法，包括工作、生活、感情上的困惑，以及个人和团队、私人和职场、技能和心态等全方位的探讨。
	5. 公平、公正、公开地给予总结、评价、规划和心态辅导。（运用"揪头发""照镜子""闻味道"的指导方针）
	6. 相互达成共识，确定复盘结果、改进计划以及监督反馈机制。
复盘后持续监督	1. 根据复盘确定的改进计划、节奏与标准，员工定期反馈进度。
	2. 为了更好地帮助员工改进绩效，管理者需提供针对性的辅导与培训。
	3. 管理者每天、每周、每月监督员工的状态，洞察他们是否真的在改进，在必要的时候随时随地复盘。

表 3-9 ××员工复盘的点评记录表

××员工复盘的点评记录表					
点评人		绩效打分		时长	
日期					
亮点					
改进点					
可行性建议					
对他的期望					

注：上表中"日期"单独一行，与"点评人/绩效打分/时长"并列显示。

表 3-10 一季度复盘点评和绩效提升表

一季度复盘点评和绩效提升表						
姓名	岗位	面谈周期	一季度	面谈时间	复盘汇报时间	
一季度复盘点评	详情见复盘会议记录	一季度复盘评价				
二季度目标（一句话精准描述二季度目标）						
关键指标	1. 2. 3.					
二季度行动计划（完成二季度目标的详细举措）	序号	行动项	衡量标准	完成时间	责任人	检查人	备注
					自己或其他需要协同的员工	直属上级	
共识							

复盘练习

一、请你总结本节学到的内容（三个知识点）。

二、请你分析自己带领团队复盘时遇到的最大问题，并给出解决方法。

三、请你结合本节内容，进行一次刻骨铭心的复盘，赋能员工，并写下效果。